1

一年生の ふくしゅう①

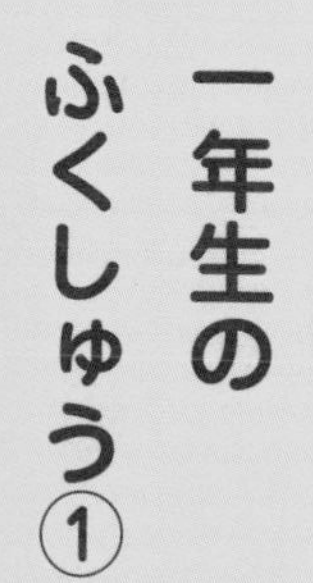

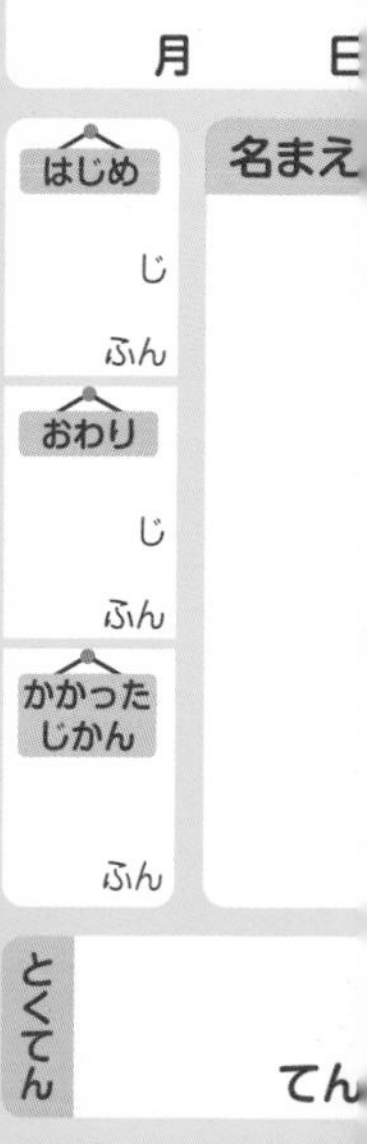

1 上の 絵に 合うように、□に カタカナを 書きましょう。（一つ 4てん）

① ばす　② か

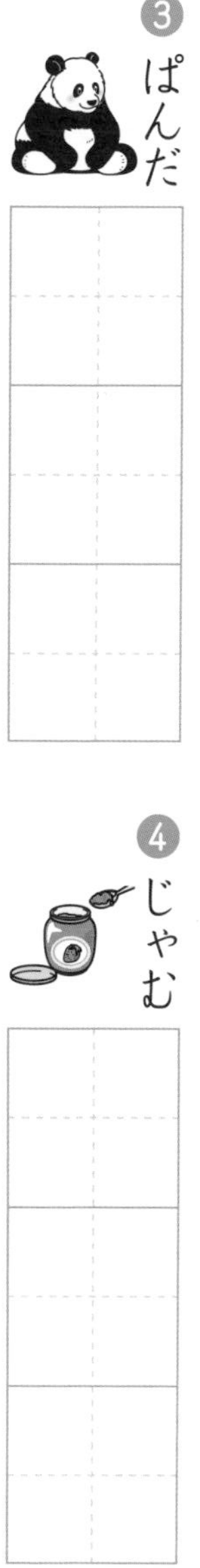

③ ぱんだ　④ じゃむ

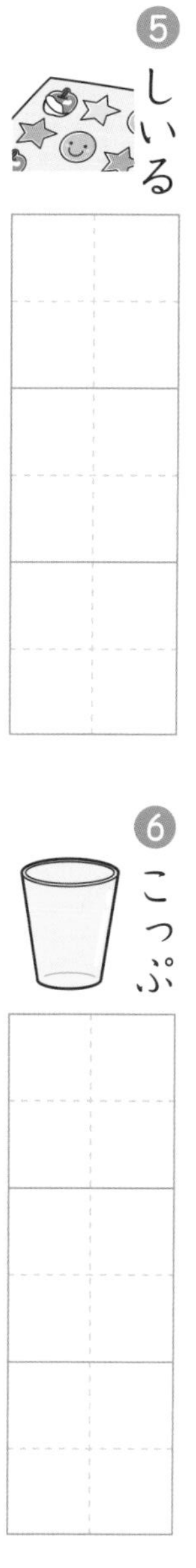

⑤ しいる　⑥ こっぷ

2 つぎの なかまの ことばを、□から 二つずつ えらんで 書きましょう。（一つ 4てん）

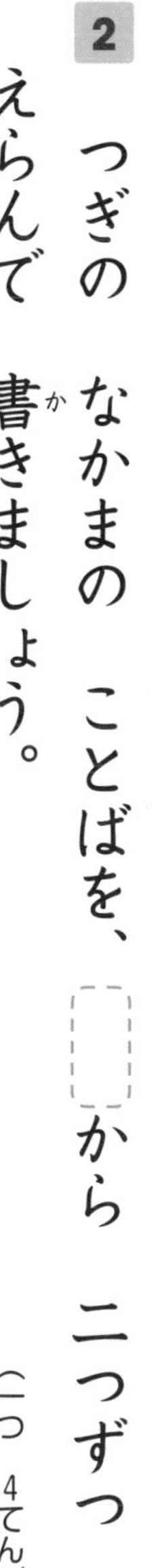

① どうぶつ…（　　）・（　　）

② くだもの…（　　）・（　　）

③ 文ぼうぐ…（　　）・（　　）

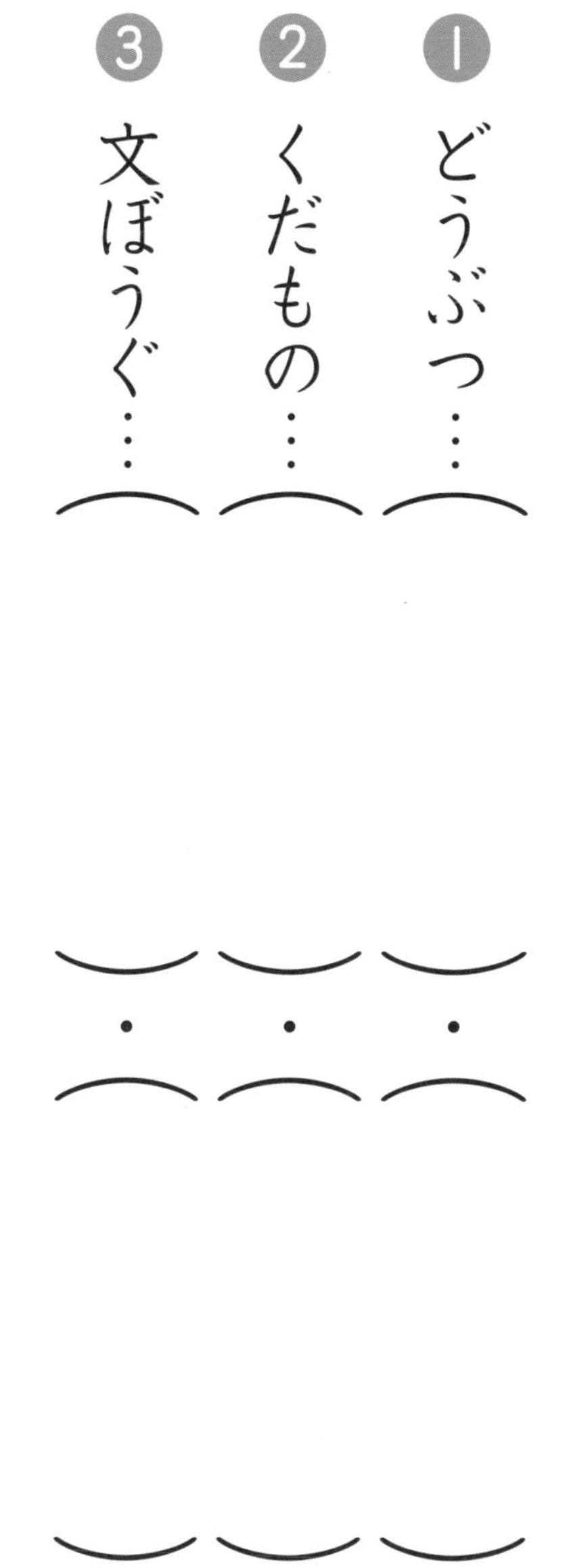

みかん・ゴリラ・えんぴつ
ノート・りんご・くま

3 はんたいの　いみの　ことばを　書きましょう。
（❶は　3てん、❷～❻は　一つ　5てん）

❶ 小さい ↔ （大きい）

❷ 強い ↔ （　　　）

❸ 多い ↔ （　　　）

❹ 出る ↔ （　　　）

❺ 上 ↔ （　　　）

❻ 下げる ↔ （　　　）

4 絵に　合うように、（　）に　合う　ことばを　書きましょう。
（一つ　8てん）

❶ バナナを（　　　）。

❷ ボールを（　　　）。

❸ プールで（　　　）。

どれも
うごきを
あらわす
ことばだよ。

4 では、絵の　中の　人が、どんな　うごきを　して　いるのかを　考えて　書こう！

2 一年生の ふくしゅう②

月　日

名まえ

はじめ　じ　ふん

おわり　じ　ふん

かかった じかん　ふん

とくてん　てん

1 「なにが(は)」「だれが(は)」に あたる ことばを 書きましょう。（一つ 5てん）

1. ちょうが とんで いる。（　　）
2. ねこが ニャーと 鳴く。（　　）
3. わたしが 本を 読む。（　　）
4. ぼくは 漢字を 書く。（　　）

2 「どうする(どうした)」に あたる ことばを 書きましょう。（一つ 7てん）

1. 虫が ブーンと とぶ。（　　）
2. きのう、雨が ふった。（　　）
3. 魚が 川で およぐ。（　　）
4. 犬が ワンワン ほえた。（　　）
5. 昼に パンを 食べた。（　　）

3 かなづかいの 正しい 字を 〈 〉から えらんで、□に 書きましょう。（一つ 5てん）

① ぼく□〈わ・は〉 公園□〈え・へ〉 行った。

② おと□〈う・お〉とが はな□〈じ・ぢ〉を 出す。

③ かん□〈ず・づ〉めの ふた□〈お・を〉 あける。

4 まちがって いる 漢字に ―を 引いて、右がわに 正しく 書きましょう。（一つ 5てん）

〈れい〉 家で 木（本）を 読む。

① 小さな 大が 歩いて くる。

② 石手を 高く 上げる。

③ 林で かぶと虫を 貝つける。

1 「なにが（は）」「だれが（は）」は、文の はじめに、した）」は、文の おわりに ある ことが 多いよ。 2 「どうする（どう

3 カタカナの ことば①

月　日

名まえ

はじめ　じ　ふん

おわり　じ　ふん

かかった じかん　ふん

とくてん　てん

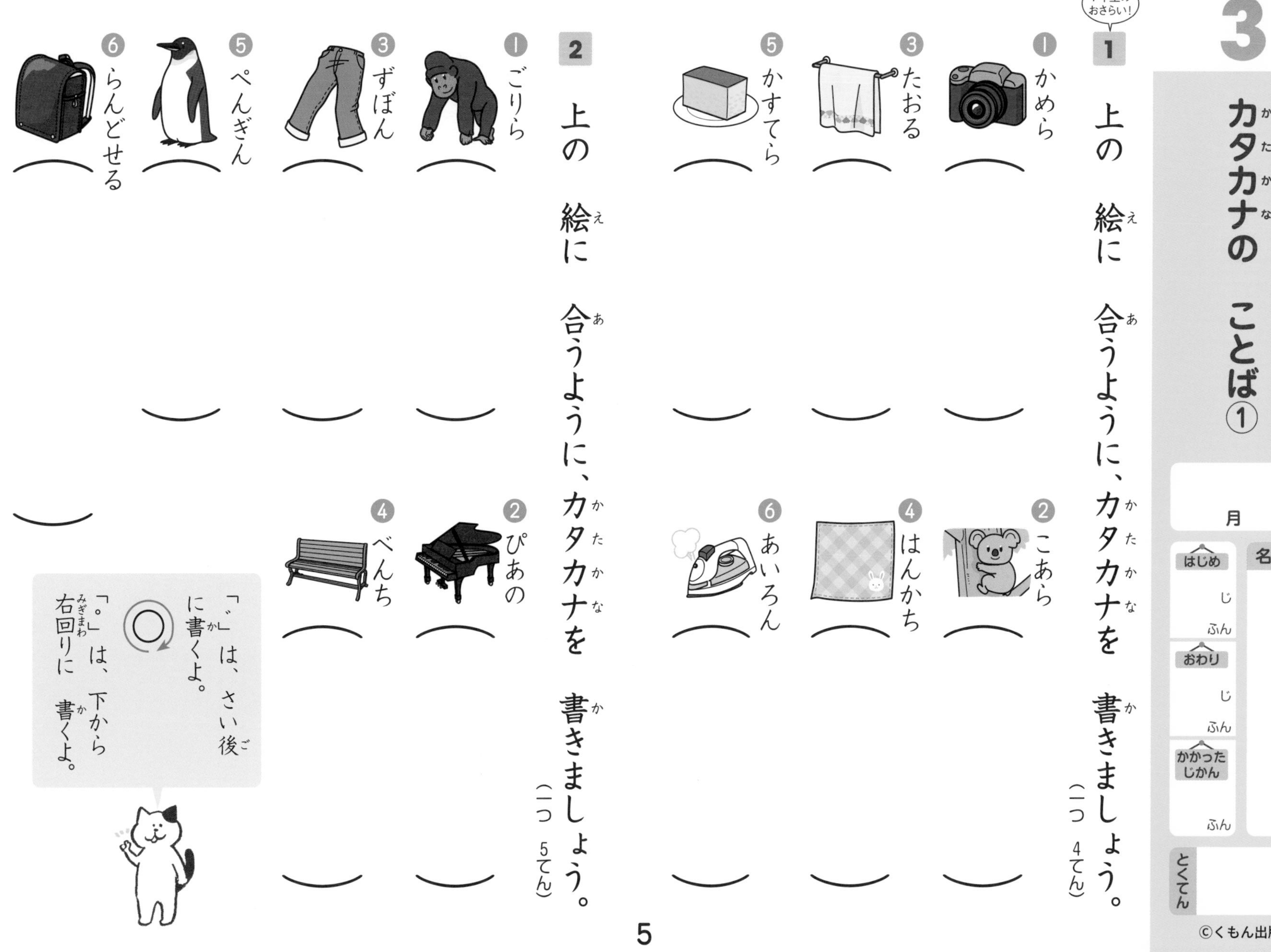

1年生の おさらい！

1 上の 絵に 合うように、カタカナを 書きましょう。（一つ 4てん）

① かめら（　　）

② こあら（　　）

③ たおる（　　）

④ はんかち（　　）

⑤ かすてら（　　）

⑥ あいろん（　　）

2 上の 絵に 合うように、カタカナを 書きましょう。（一つ 5てん）

① ごりら（　　）

② ぴあの（　　）

③ ずぼん（　　）

④ べんち（　　）

⑤ ぺんぎん（　　）

⑥ らんどせる（　　）

「゛」は、さい後に書くよ。

「。」は、下から右回りに書くよ。

3 外国（がいこく）の 国（くに）や 土地（とち）や 人の 名前（なまえ）を、カタカナ（かたかな）で 書（か）きましょう。（一つ 4てん）

① すいす（　　　　） 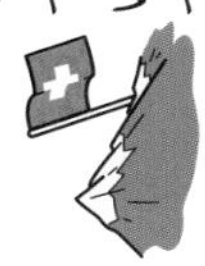
② ろうま（　　　　） 
③ えじぷと（　　　　） 
④ ないちんげえる（　　　　）

のばす 音（おん）は、「ー」を つかって 書（か）くよ。

4 外国（がいこく）から きた ことばを、カタカナ（かたかな）で 書（か）きましょう。（一つ 5てん）

① てれび（　　　　） 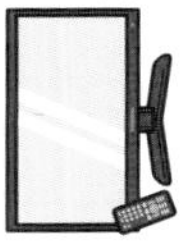
② めろん（　　　　） 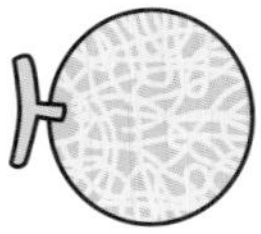
③ かあてん（　　　　） 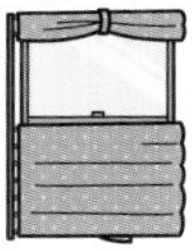
④ ぽけっと（　　　　） 
⑤ じゅうす（　　　　） 
⑥ きゃらめる（　　　　）

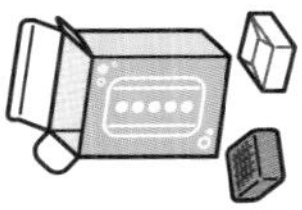

小さく 書（か）く 「ャ」「ュ」「ョ」「ッ」は、右上に 書（か）くよ。

ャ　ュ　ョ　ッ

外国（がいこく）から 入って きた ことばは、カタカナ（かたかな）で 書（か）くよ。

4 カタカナの　ことば②

月　日

名まえ

はじめ　じ　ふん

おわり　じ　ふん

かかった じかん　ふん

とくてん　てん

1 どうぶつの　鳴き声を、カタカナで　書きましょう。（一つ　5てん）

① ころころ（　　　　）

② けろけろ（　　　　）

③ ひひいん（　　　　）

④ かあかあ（　　　　）

⑤ ちゅんちゅん（　　　　）

⑥ にゃあにゃあ（　　　　）

のばす　音は、「ー」を　つかって　書くよ。

2 いろいろな　ものの　音を、カタカナで　書きましょう。（一つ　5てん）

① どぼん（　　　　）

② ざあざあ（　　　　）

③ こんこん（　　　　）

④ どんどん（　　　　）

⑤ ばしゃばしゃ（　　　　）

3 つぎの□の　中には、一つだけ　ちがう　カタカナが　あります。その　字を　○で　かこみましょう。（一つ　5てん）

①
ユ　ユ
ユ
ユ　ユ
ユ　ユ　コ
ユ　ユ
ユ
ユ　マ

②
ア　ア
ア
ア　ア
ア　ア　ア
ア　ア
ア
ア　マ

③
シ　シ　シ
シ　シ
シ　シ　シ
シ　シ　シ
シ　ツ
シ　シ
シ　シ　シ

文を書く力

4 まちがって　いる　カタカナに　―を　引いて、右がわに　正しく　書きましょう。（一つ　10てん）

① テューインガムと　キャラナルを　買う。

② どうぶつえんで　フイオンと　パソダを　見た。

③ デパートで　ヌカートと　ヒーターを　買った。

3 4 形の　にた　カタカナは、よく　見て、どこが　ちがうか　形を　しっかり　おぼえて　おこう！

5 カタカナの ことば③

月　日

名まえ

はじめ　じ　ふん

おわり　じ　ふん

かかった じかん　ふん

とくてん　てん

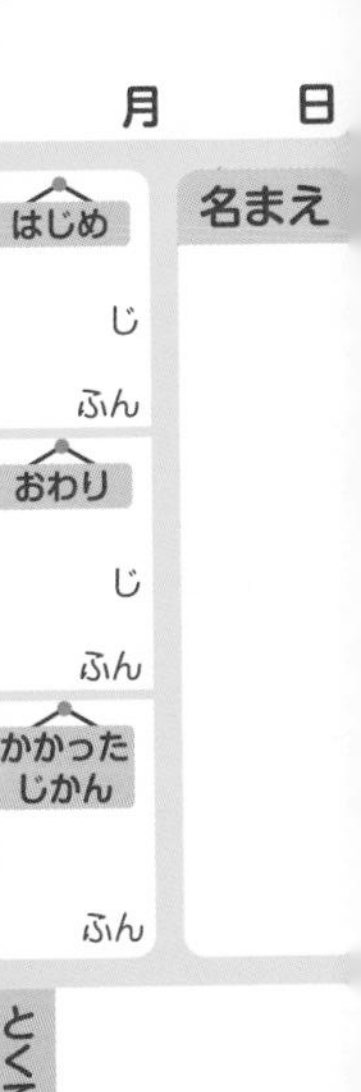

1 □の ことばを、後の ①〜④に 分けて、カタカナで 書きましょう。（一つ 5てん）

ばたん・あめりか・みんみん・くれよん
みるく・わんわん・えじそん・とんとん
れもん・がちゃん・ぴよぴよ・とらっく

① 外国の 国や 土地や 人の 名前。

（　　　）（　　　）

② 外国から きた ことば。

（　　　）（　　　）
（　　　）（　　　）

③ どうぶつの 鳴き声。

（　　　）（　　　）
（　　　）

④ いろいろな ものの 音。

（　　　）（　　　）
（　　　）

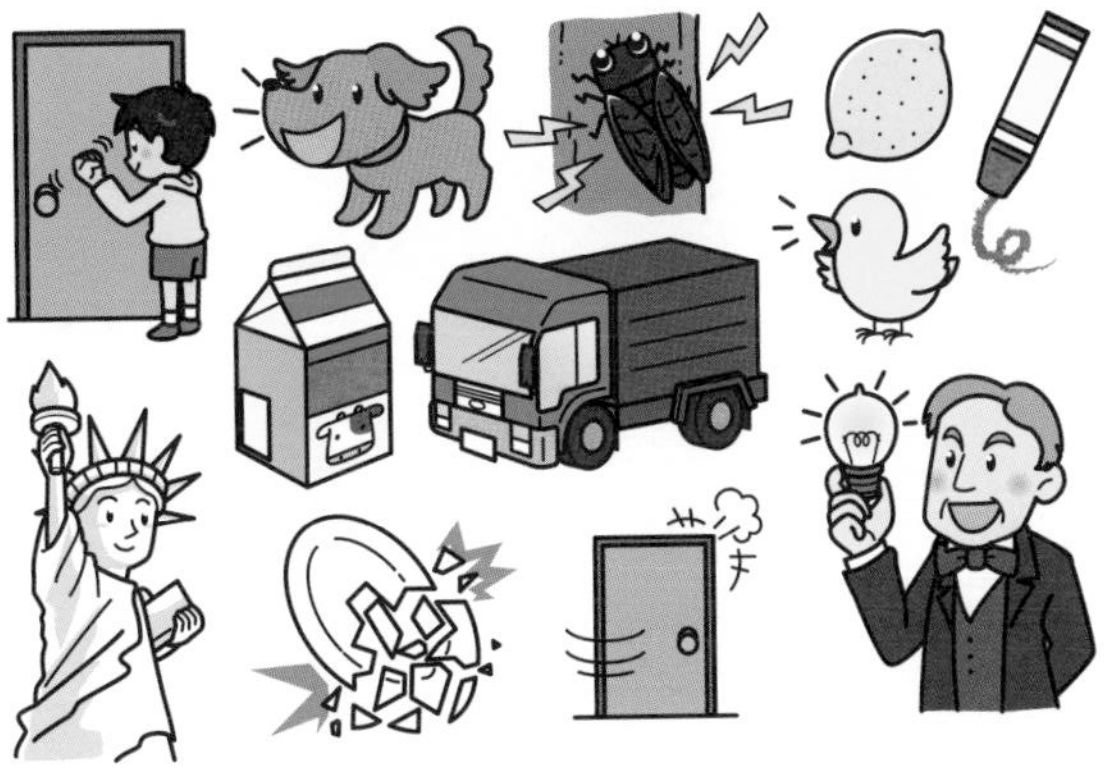

2 カタカナで 書いた ほうが よい ことばを 二つずつ 見つけて、カタカナで 書きましょう。 （一つ 5てん）

① こっぷが がちゃんと われる。

（　　　　）（　　　　）

② ぱんに ばたあを つけて 食べた。

（　　　　）（　　　　）

文を書く力 **3** つぎの カタカナの 文を、ひらがなと カタカナで 書きましょう。 （①は 6てん、②③は 一つ 7てん）

① ドウブツエンデ ライオンヲ ミタ。

（どうぶつえんで ライオンを みた。）

② サラダニ マヨネーズヲ カケテ タベル。

（　　　　）

③ パトカーガ サイレンヲ ナラシテ ハシル。

（　　　　）

2 **3** カタカナで 書く ことばと、そうで ない ことばとの ちがいを はっきりさせて おこう。

6 なかまの　ことば①

月　日　名まえ

はじめ　じ　ふん
おわり　じ　ふん
かかった じかん　ふん

とくてん　てん

1 つぎの　なかまの　ことばを、［　］から　えらんで　書きましょう。（一つ　3てん）

① 色……（赤）・（　）・（　）・（　）

② 方角……東・（　）・（　）・（　）

③ きせつ…春・（　）・（　）・（　）

［赤・西・夏・青・南・黄・秋・冬・黒・北］

2 〔　〕の　ことばを　まとめて　よぶ　ことばを、［　］から　えらんで　書きましょう。（一つ　10てん）

① 〔ハーモニカ・ピアノ　カスタネット・たいこ〕…（　）

② 〔キャベツ・なす　きゅうり・ピーマン〕…（　）

③ 〔ひこうき・ヨット　電車・モノレール〕…（　）

［がっき・くだもの・やさい・のりもの］

3 □に 合う ことばを、［　］から えらんで 書きましょう。（一つ 4てん）

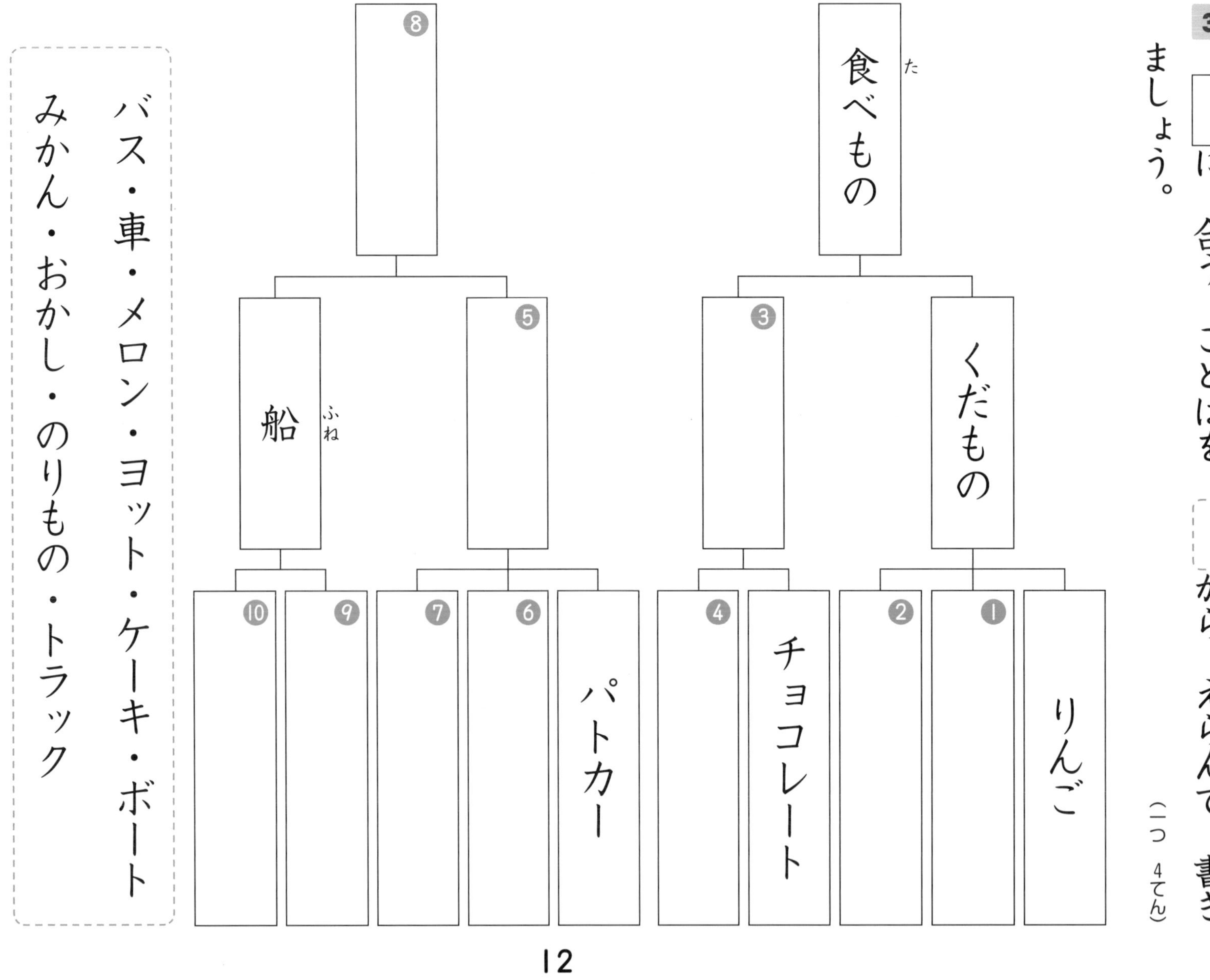

バス・車・メロン・ヨット・ケーキ・ボート
みかん・おかし・のりもの・トラック

なかまの ことばを まとめて よぶ ことばが あるよ。ほかにも、のような ことばを さがして みよう。

7 なかまの　ことば②

月　日　名まえ

はじめ　じ　ふん
おわり　じ　ふん
かかったじかん　ふん
とくてん　てん

1 絵(え)に　合(あ)うように、（　）に　合(あ)う　ことばを ［　］から　えらんで　書(か)きましょう。（一つ　6てん）

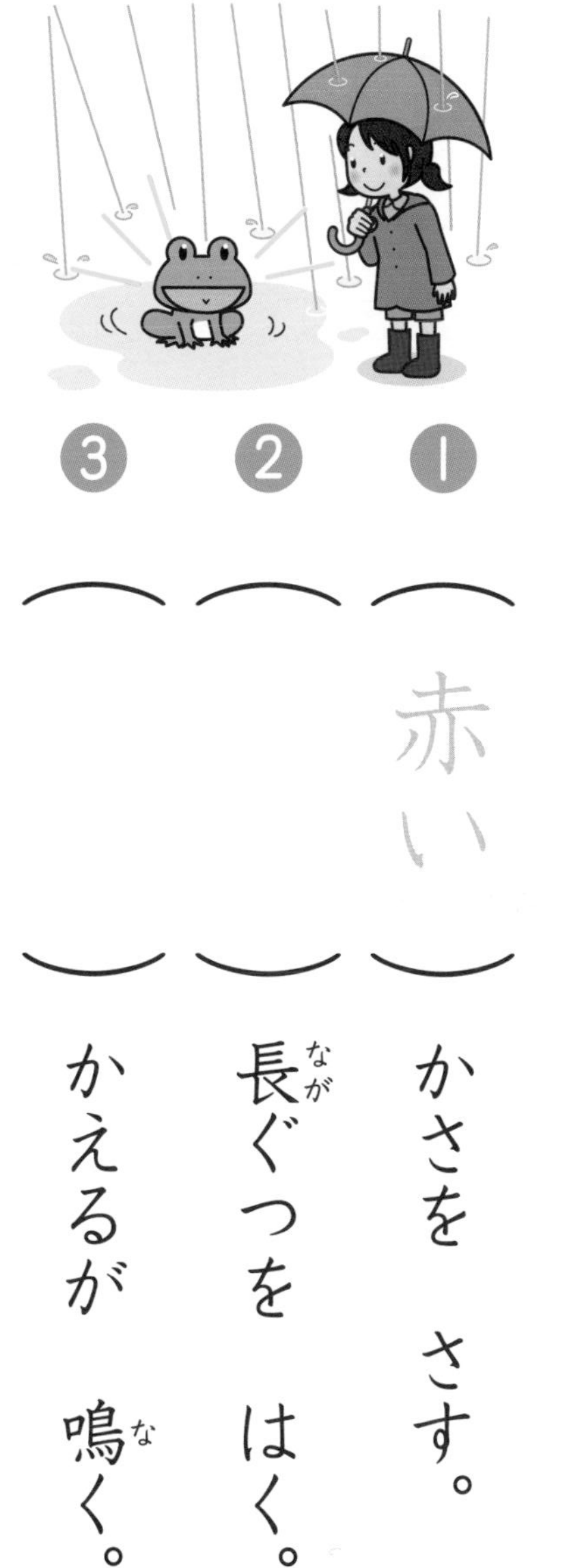

① （赤い）かさを　さす。
② （　　）長(なが)ぐつを　はく。
③ （　　）かえるが　鳴(な)く。

赤い・大きい・黒(くろ)い

2 文を書く力

［　］の　ことばを　つかって、絵(え)に　合(あ)う　文を　作(つく)りましょう。（①は　8てん、②③は　一つ　10てん）

① ［大きい］（ぞうの体(からだ)は、大きい。）
② ［おもい］（父(ちち)の　　） 
③ ［長(なが)い］（姉(あね)の　　）

3 （　）に 合（あ）う ことばを、［　］から えらんで 書（か）きましょう。（一つ 8てん）

1 ぼくは、パンを（ 食べる ）。

2 思（おも）いきり ボールを（　　）。

3 朝（あさ） おきて、顔（かお）を（　　）。

食（た）べる・走（はし）る・あらう・入る・ける

4 文を書く力

［　］の ことばを つかって、絵（え）に 合（あ）う 文を 作（つく）りましょう。（一つ 10てん）

1 かぶる

（ わたしは、ぼうしを かぶる。 ）

2 ころぶ

ろう下（か）

（ ぼくは、　　 ）

3 のぞく

びん

（ ぼくは、　　 ）

1 2は ようすを あらわす ことば、3 4は うごきを あらわす ことばだよ。

しあげドリル①

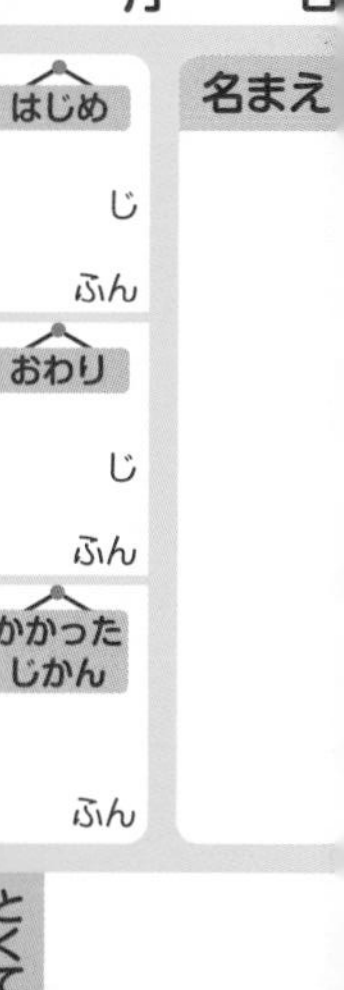

1 □の　文章(ぶんしょう)を　読(よ)んで、後(あと)の　もんだいに　答(こた)えましょう。

> きのう、おかあさんと　ばすにのって、でぱあとへ　行(い)った。
> おかあさんは、せえたあを買(か)った。ぼくは、ぺっとしょっぷではむすたあを　見て　いた。

① カタカナ(かたかな)で　書(か)いた　ほうが　よい　ことばを　五つ　見つけて、――を　引(ひ)きましょう。（一つ　5てん）

② ①の　五つの　ことばを、カタカナ(かたかな)で　書(か)きましょう。（一つ　5てん）

のばす　音(おん)は、「ー」を　つかって　書(か)くよ。

2 □の 文章を 読んで、後の もんだいに 答えましょう。

姉と ふたりで、スーパーマーケットに
おつかいに 行った。
りんごと バナナ、
なすと にんじん、
肉と とうふを 買って
帰った。

1 ふたりで 買った ものを 六つ 見つけて、——を 引きましょう。（一つ 5てん）

読みとる力 **2** 買った ものの 中で、「くだもの」を 二つ 書きましょう。（一つ 5てん）

（　　　　）（　　　　）

読みとる力 **3** 買った ものの 中で、「やさい」を 二つ 書きましょう。（一つ 5てん）

（　　　　）（　　　　）

2 この 文章には 出て いないけれど、「きゅうり」や 「だいこん」、「ねぎ」、「ピーマン」なども 「やさい」だよ。

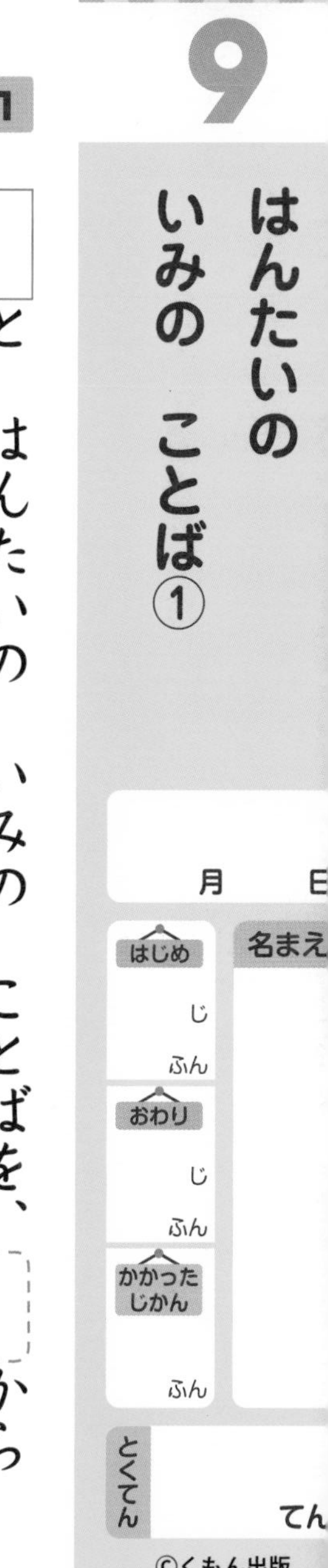

9 はんたいの いみの ことば①

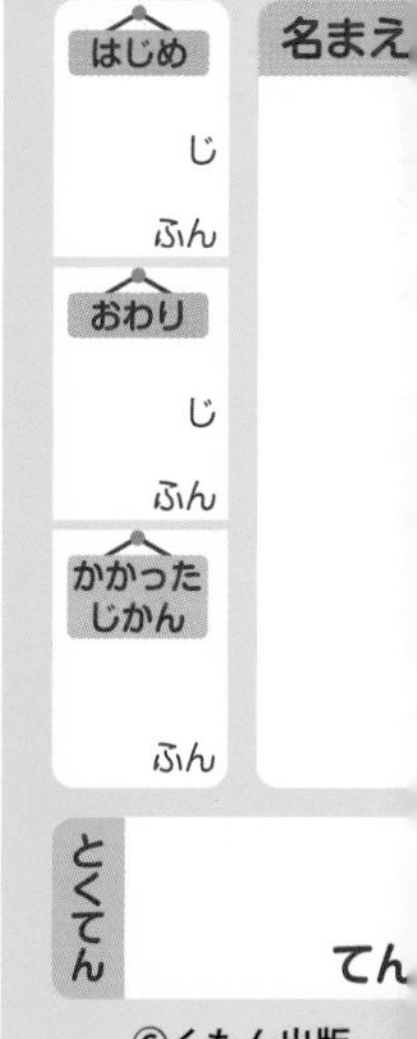

1 □と はんたいの いみの ことばを、□から えらんで 書(か)きましょう。（一つ 6てん）

① 小さい 犬。 ↔ （大きい）犬。

② あつい 日。 ↔ （　　）日。

③ 少(すく)ない 数(かず)。 ↔ （　　）数(かず)。

④ 強(つよ)い 力。 ↔ （　　）力。

大きい・多(おお)い・広(ひろ)い・弱(よわ)い・さむい

2 □と はんたいの いみの ことばを、（　）に 書(か)きましょう。（一つ 7てん）

① 細(ほそ)い 木。 ↔ （太(ふと)い）木。

② くらい へや。 ↔ （　　）へや。

③ 長(なが)い 糸。 ↔ （　　）糸。

④ 新(あたら)しい かさ。 ↔ （　　）かさ。

3 □と　はんたいの　いみの　ことばを、（　）に書きましょう。（一つ　8てん）

① 上を　見る。
（　下　）

② 前の　せき。
（　　）

③ 右に　むく。
（　　）

④ 線の　内がわ。
（　　）

4 □と　はんたいの　いみの　ことばを、（　）に書きましょう。（一つ　8てん）

① じゃんけんに　まける。
じゃんけんに（　　）。

② ケーキを　売る。
ケーキを（　　）。

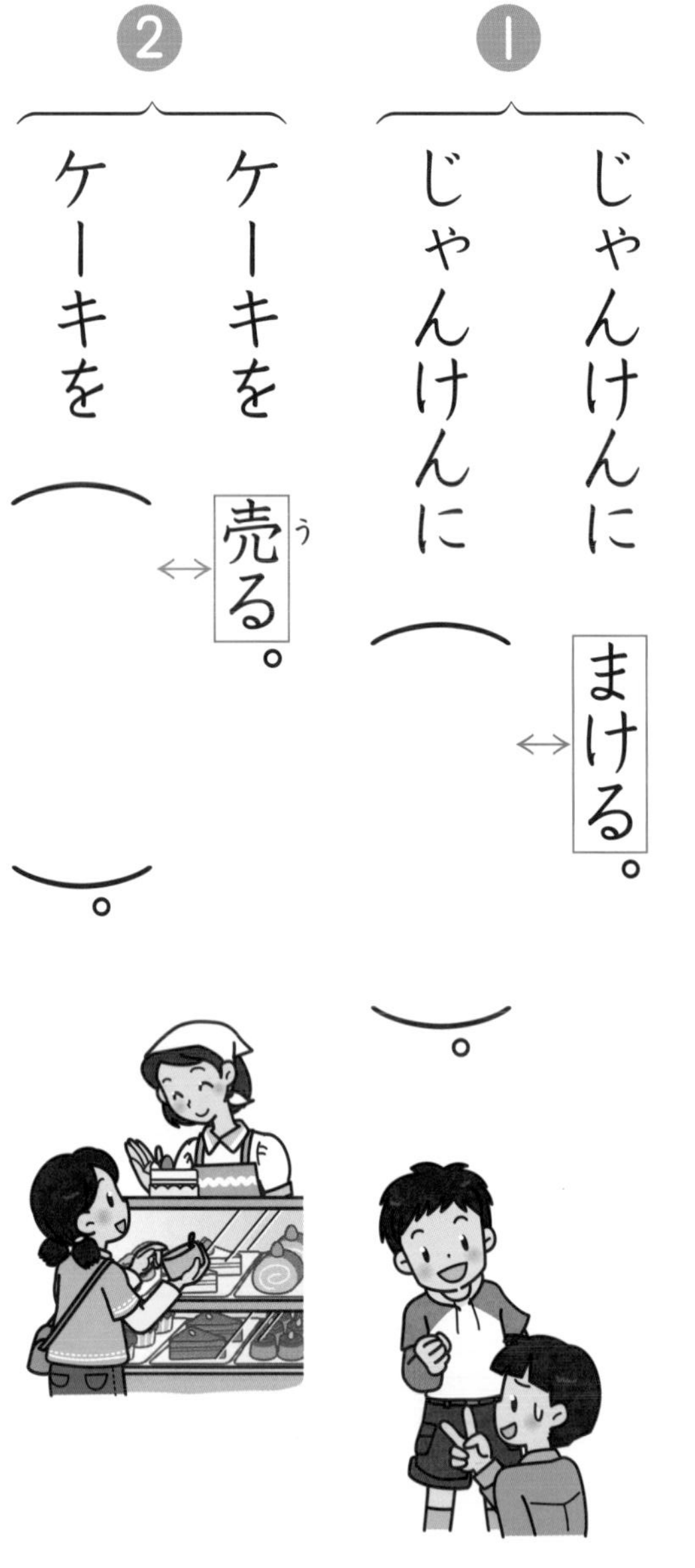

「大きい　はこ。」「小さい　はこ。」のように、はんたいの　いみの　ことばは、組に　して　おぼえよう。

10 はんたいの いみの ことば②

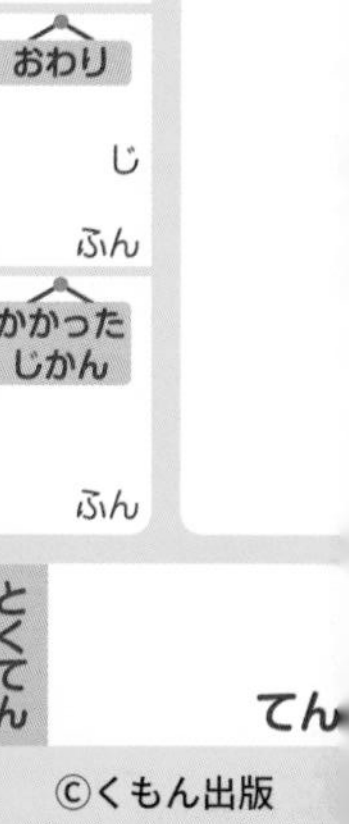

1 □と はんたいの いみの ことばを、[ ]から えらんで 書(か)きましょう。（一つ 9てん）

❶
シャツを ぬぐ。
シャツを ①（きる）。
ズボンを ぬぐ。
ズボンを ②（　　）。

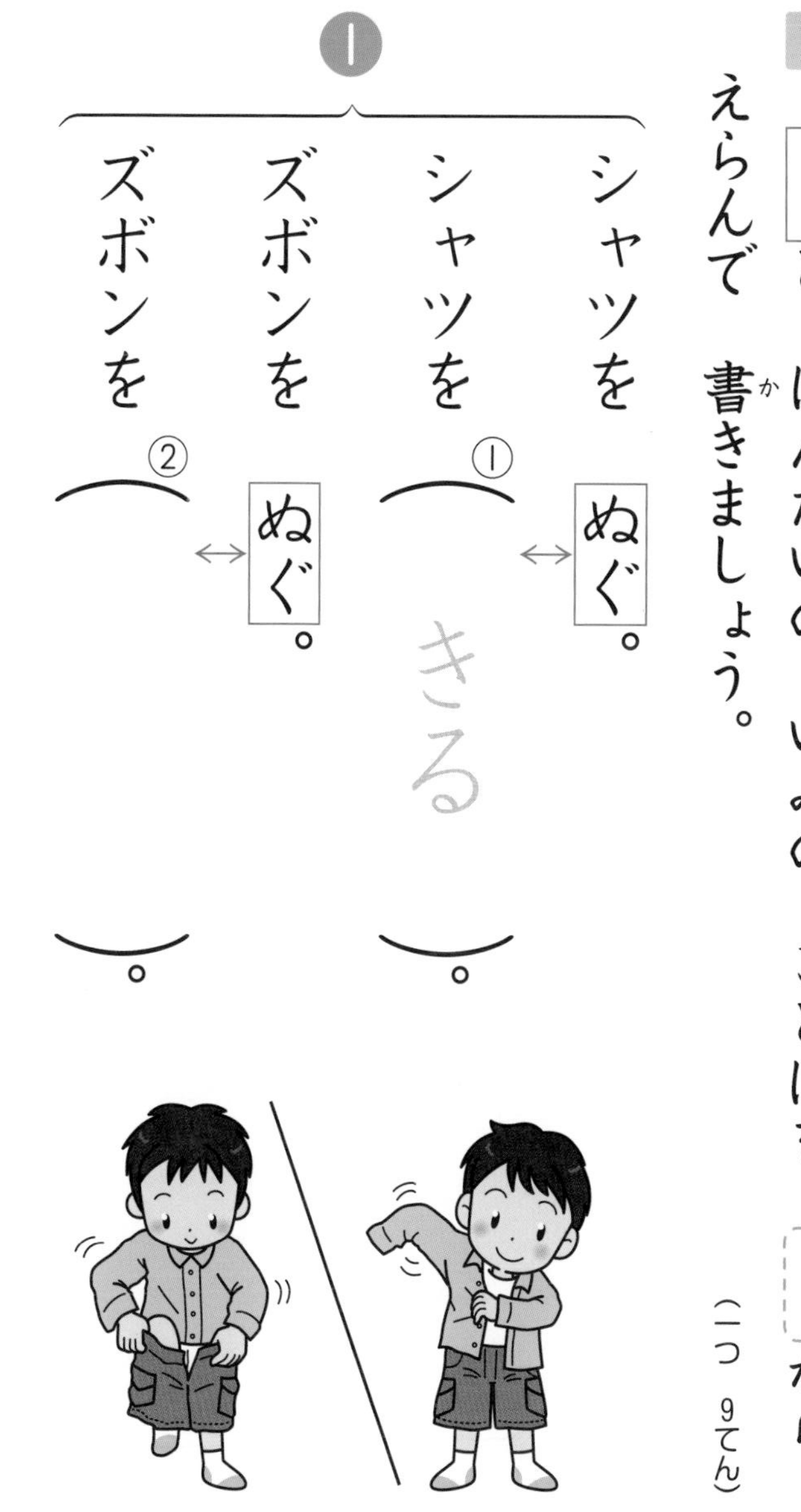

［きる・とる・ふく・はく］

❷
天じょうが 高(たか)い。
天じょうが ①（　　）。
入場(にゅうじょう)りょうが 高(たか)い。
入場(にゅうじょう)りょうが ②（　　）。

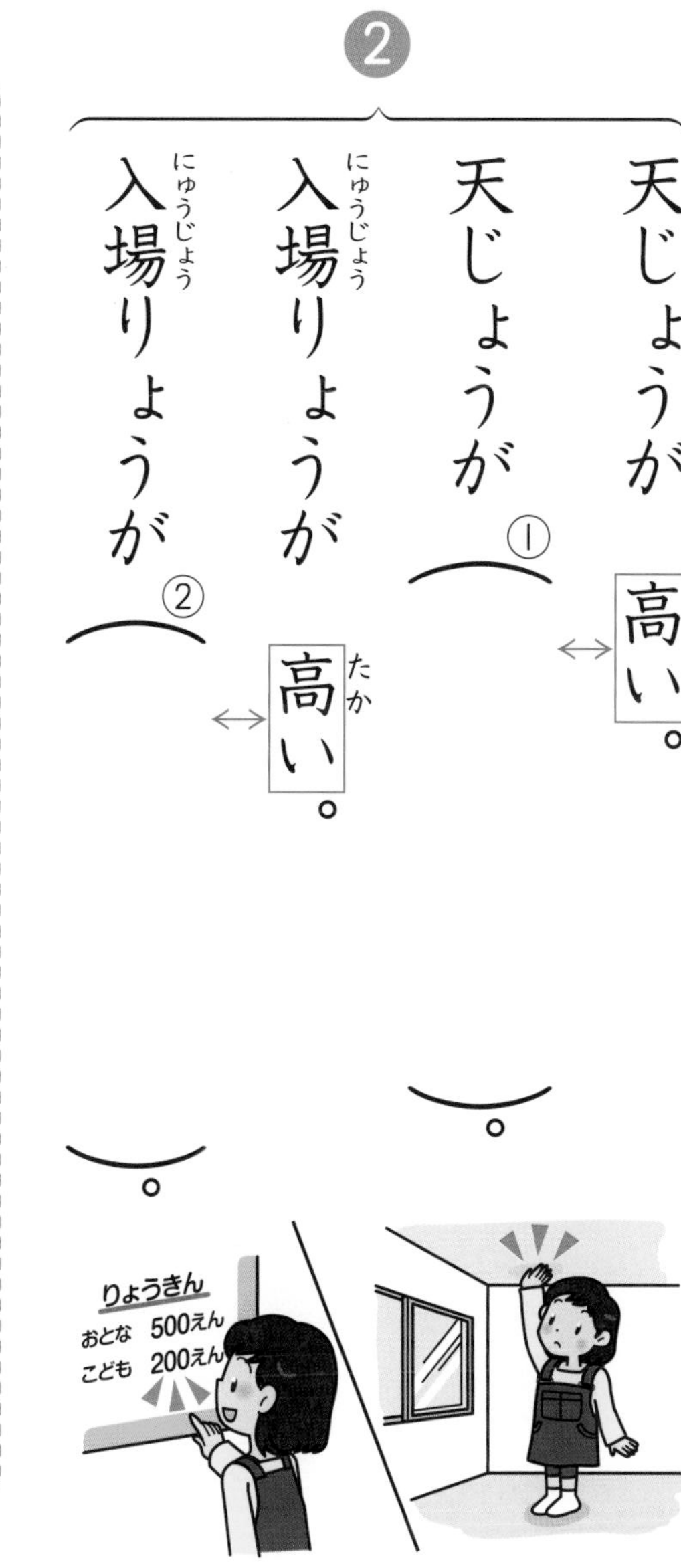

［大きい・ひくい・やすい・少(すく)ない］

2 □と はんたいの いみの ことばを、（ ）に 書きましょう。（一つ 10てん）

1
夏は あつい。 ↔ 冬は ①（さむい）。
おゆは あつい。 ↔ 水は ②（　　）。

2
高い 山。 ↔ ①（　　） 山。
ねだんが 高い。 ↔ ねだんが ②（　　）。

3 はんたいの いみの ことばを つかって、絵に 合う 文を 作りましょう。（一つ 12てん）

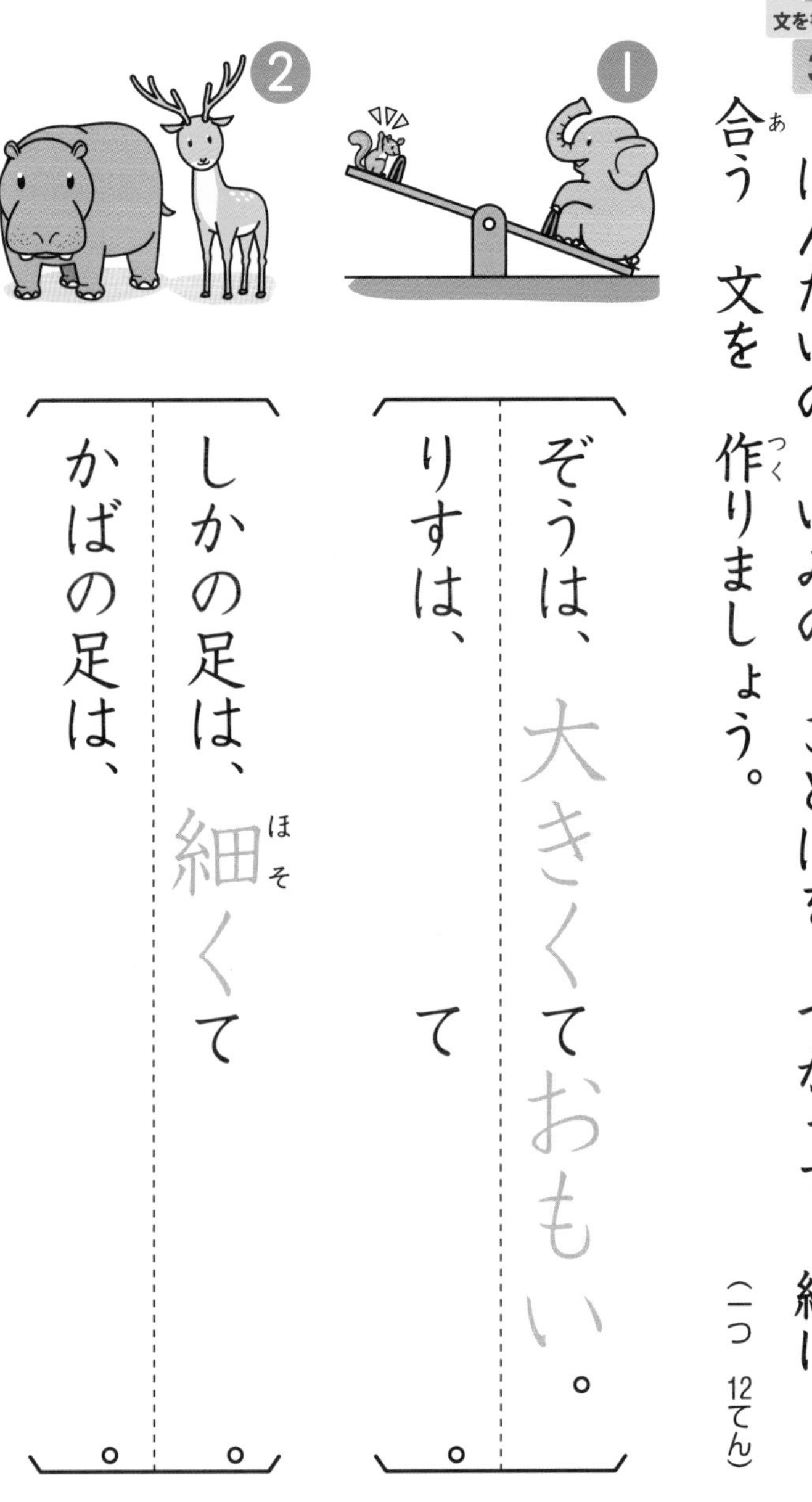

1 ぞうは、大きくて おもい。
りすは、　　　　て　　　　。

2 しかの足は、細くて　　　　。
かばの足は、　　　　。

「わたしの 家は、えきから 近く、学校からは 遠い。」のように、はんたいの いみの ことばを 文の 中で つかえるように しよう。

11 組み合わせた ことば①

月　日　名まえ

はじめ　じ　ふん
おわり　じ　ふん
かかった じかん　ふん
とくてん　てん

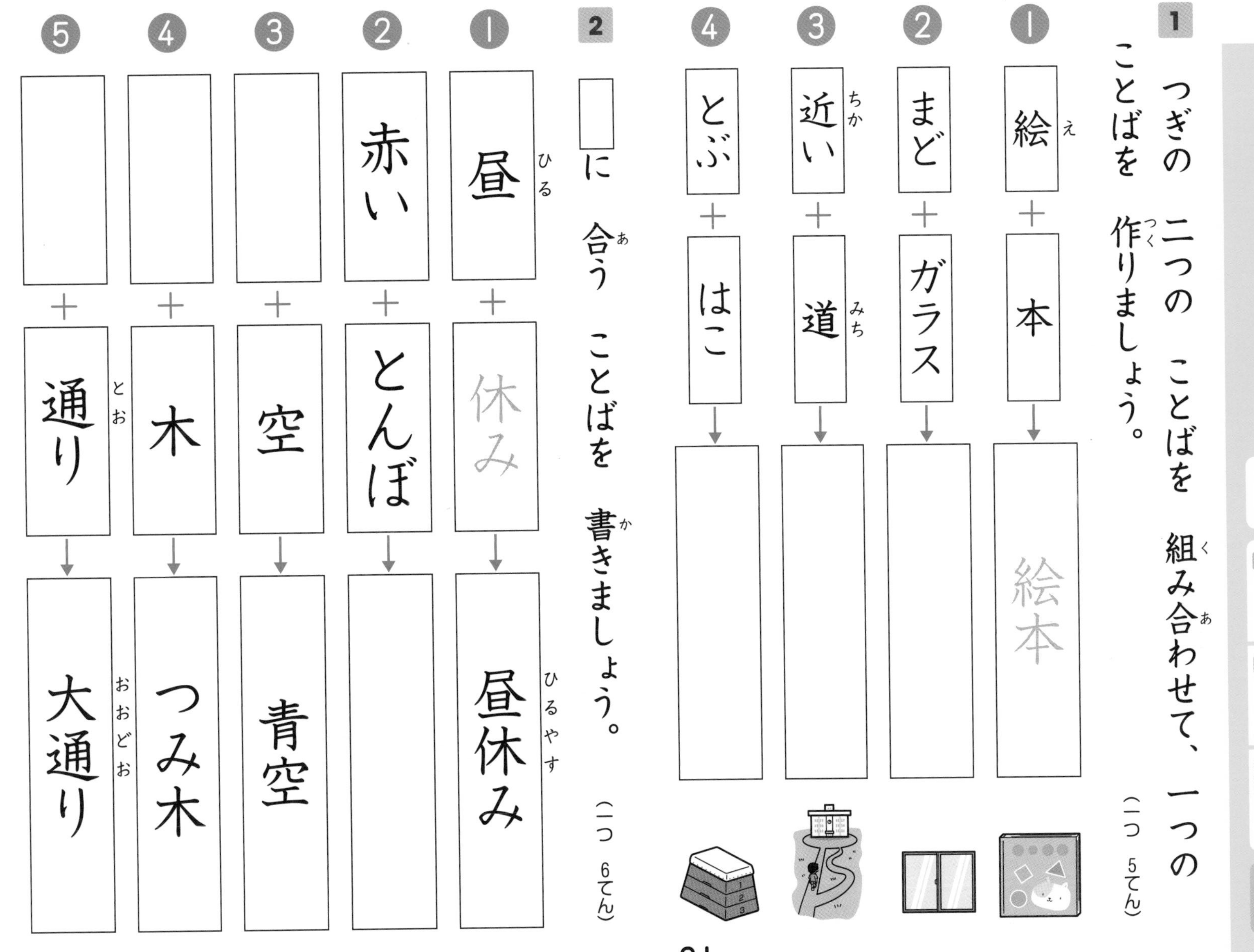

1 つぎの 二つの ことばを 組み合わせて、一つの ことばを 作りましょう。（一つ 5てん）

① 絵 ＋ 本 → 絵本
② まど ＋ ガラス →
③ 近い ＋ 道 →
④ とぶ ＋ はこ →

2 □に 合う ことばを 書きましょう。（一つ 6てん）

① 昼 ＋ 休み → 昼休み
② 赤い ＋ とんぼ →
③ ＋ 空 → 青空
④ ＋ 木 → つみ木
⑤ ＋ 通り → 大通り

3 つぎの　二つの　ことばを　組み合わせて、一つの　ことばを　作りましょう。（一つ　5てん）

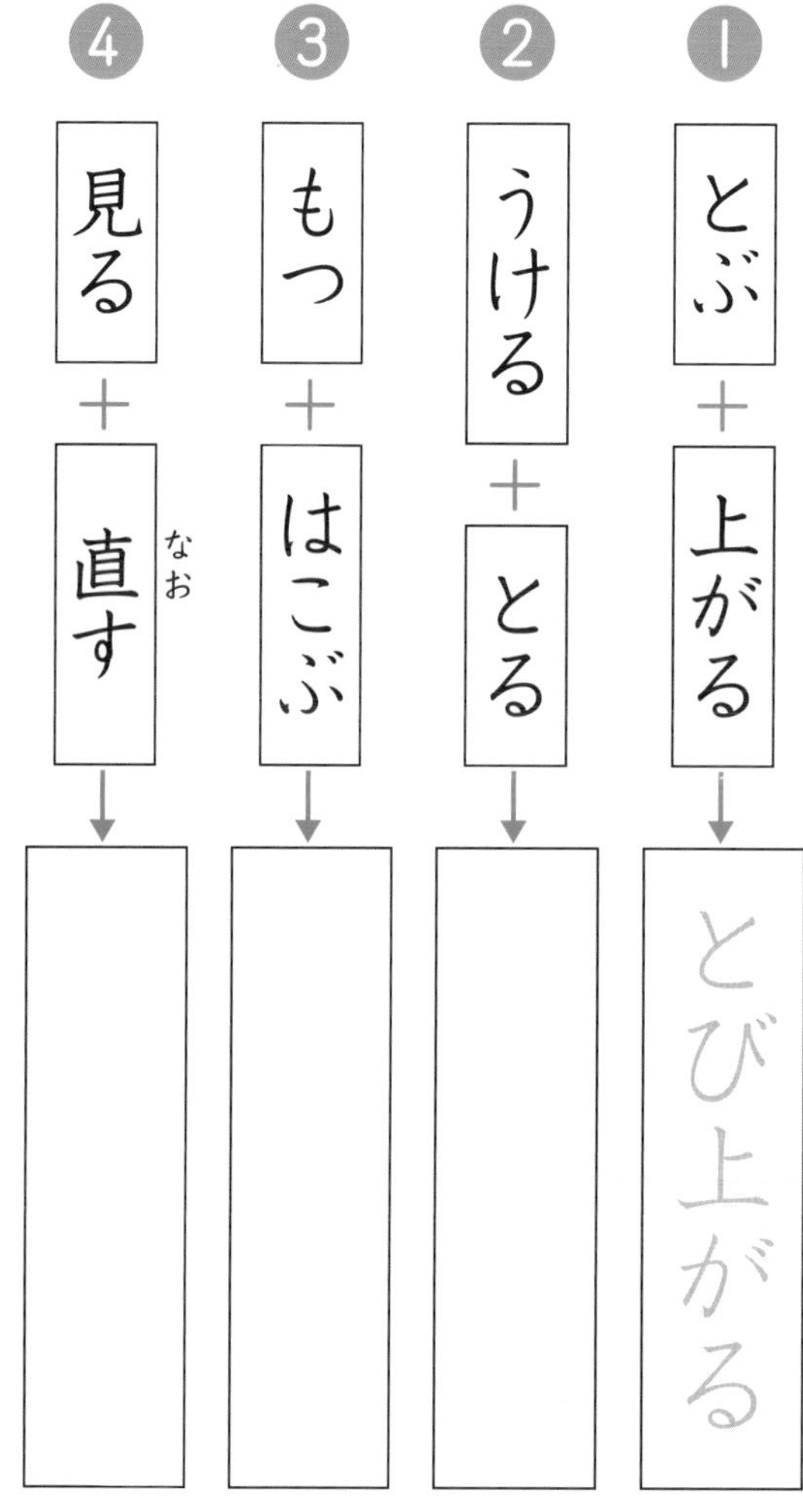

① とぶ ＋ 上がる → とび上がる

② うける ＋ とる →

③ もつ ＋ はこぶ →

④ 見る ＋ 直す →

4 □に　合う　ことばを　書きましょう。（一つ　6てん）

① 切る ＋ とる → 切りとる

② とぶ ＋ □ → とびはねる

③ 食べる ＋ おわる → □

④ □ ＋ よる → 走りよる

⑤ □ ＋ 上げる → もち上げる

3・4 組み合わせる　とき、上に　ある　ことばの　形が　かわるよ。

12 組み合わせた ことば②

月　日

名まえ

はじめ　じ　ふん

おわり　じ　ふん

かかった じかん　ふん

とくてん　てん

1 つぎの ことばを 組み合わせて、一つの ことばを 作り、ひらがなで 書きましょう。（一つ 5てん）

〈れい〉 ふで ＋ はこ → ふでばこ

① 花（はな） ＋ はたけ →

② 長（なが）い ＋ くつ →

③ 貝（かい） ＋ から →

④ のぼる ＋ さか →

⑤ 金（かね） ＋ あみ →

⑥ 雨（あめ） ＋ かさ →

⑦ わらう ＋ 顔（かお） →

⑧ 風（かぜ） ＋ 車（くるま） →

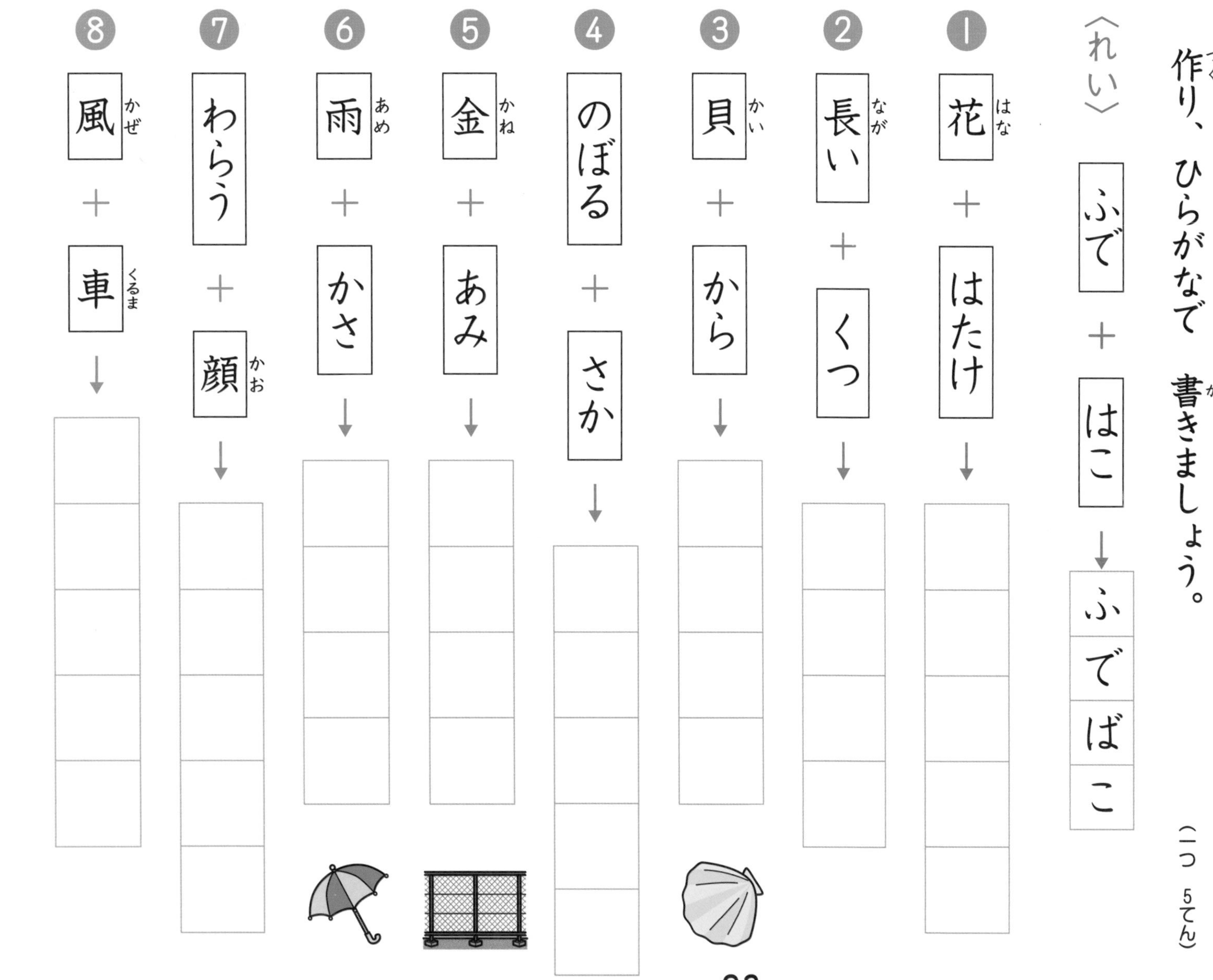

2 〈れい〉のように、ことばの 組み立て方が わかるように 書きましょう。（一つ 6てん）

〈れい〉 赤しんごう……（赤い しんごう）

① 黒ねこ……（　　　）
② ぬり絵……（　　　）
③ 夏まつり……（　　　）
④ 長そで……（　　　）
⑤ なき顔……（　　　）
⑥ 帰り道……（　　　）

3 「―とる」、「―回る」の つく ことばを、二つずつ 作りましょう。（一つ 6てん）

① 「―とる」 〈れい〉 聞きとる
（　　　）・（　　　）

② 「―回る」 〈れい〉 走り回る
（　　　）・（　　　）

2 ようすを あらわす ことばや うごきを あらわす ことばを 見つけよう。

13 音や ようすを あらわす ことば①

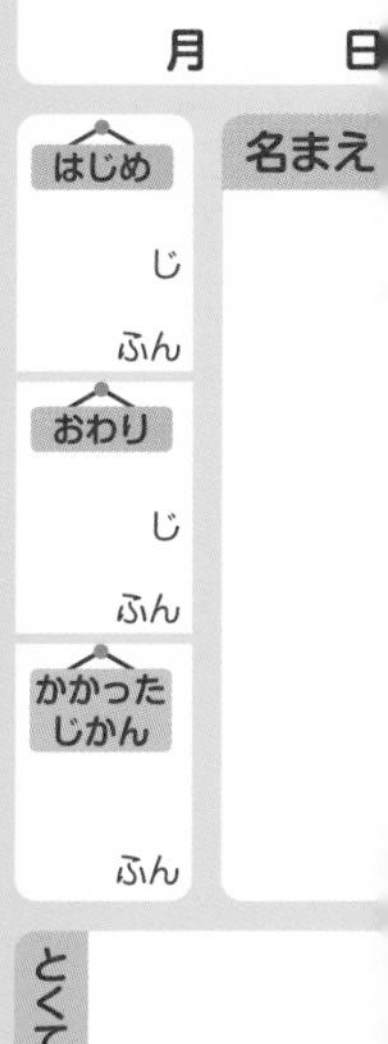

1 文に 合う 音を、◯で かこみましょう。（一つ 6てん）

① お寺の かねが { ゴーン ／ キーン } と 鳴る。

② ドアを { バサバサ ／ バタン } と しめる。

③ すずめが { キャンキャン ／ チュンチュン } 鳴く。

2 （ ）に 合う ことばを、[ ]から えらんで 書きましょう。（一つ 7てん）

① せみが （ミンミン） 鳴く。

② コップが （　　） と われる。

③ ひよこが （　　） 鳴く。

④ 雨が （　　） ふる。

[ミンミン・ピヨピヨ・ザーザー・ガチャン]

3 つぎの ことばが あらわす 音や 声を 下から えらんで、•—•で むすびましょう。（一つ 6てん）

1 コンコン・　・雨が はげしく ふる 音。

2 ザーザー・　・ものを かるく たたく 音。

3 ニャー・　・からすの 鳴き声。

4 カーカー・　・ねこの 鳴き声。

文を書く力

4 絵に 合うように、□の ことばを 正しく つかった 文に 書き直しましょう。（一つ 10てん）

1 たいこを ドンドン ひく。

（たいこをドンドンたたく。）

2 犬が ワンワン なめる。

（ほえる。）

3 ガラスが ガチャンと ふく。

（　　　　）

ものの 音や どうぶつの 鳴き声は、カタカナで 書くよ。ほかには、どんな 音や 鳴き声が あるかな？ さがして みよう。

14 音や　ようすを　あらわす　ことば②

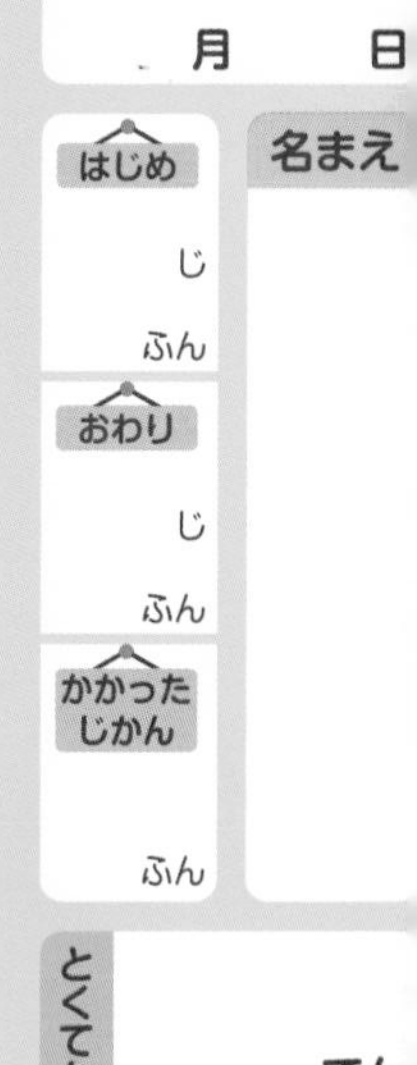

1 文に　合(あ)う　ようすを、〇で　かこみましょう。（一つ　6てん）

① ほう石が　｛きらきら（〇）／さらさら｝　かがやく。

② こまが　｛くるくる／つるつる｝　回(まわ)る。

③ あせが　｛にたにた／ぽたぽた｝　おちて　くる。

2 （　）に　合(あ)う　ことばを、［　］から　えらんで　書(か)きましょう。（一つ　7てん）

① わた毛(げ)が　（ふわふわ）　とぶ。

② 風(かぜ)が　（　　　）　ふく。

③ ビー玉が　（　　　）　ころがる。

④ あめを　（　　　）　なめる。

［ふわふわ・ぺろぺろ・そよそよ・ころころ］

3 つぎの　ことばが　あらわす　ようすを　下から　えらんで、•—•で　むすびましょう。　（一つ　6てん）

① すくすく・　　・わらう　ようす。

② にこにこ・　　・元気(げんき)に　せい長(ちょう)する　ようす。

③ ひらひら・　　・すべりやすい　ようす。

④ つるつる・　　・とんで　いる　ようす。

文を書く力

4 絵(え)に　合(あ)うように、□の　ことばを　正しく　つかった　文に　書(か)き直(なお)しましょう。　（一つ　10てん）

① 星(ほし)が　きらきら　走(はし)る。

（　星がきらきら光(ひか)る。　）

② 風船(ふうせん)が　ふわふわ　われる。

（　とぶ。　）

③ 母(はは)が　にっこり　おこる。

（　　　）

1 **2** **4** それぞれの　ことばは、後(あと)に　くる　うごきを　あらわす　ことばを　くわしく　して　いるよ。

15 しあげドリル②

月　日　名まえ

はじめ　じ　ふん　おわり　じ　ふん　かかったじかん　ふん　とくてん　てん

1 □の 文章を 読んで、後の もんだいに 答えましょう。

> 朝早く おきる。パジャマを ぬぐ。ふくを きて、朝ごはんを 食べる。あつい スープが、とても おいしい。

① つぎの □と はんたいの いみの ことばを 見つけて、——を 引きましょう。（一つ 10てん）

① ねる　② きる　③ つめたい

② 「くつ下を ぬぐ。」の ぬぐと はんたいの いみの ことばを 書きましょう。（10てん）

くつ下を（　　　　）。

③ 二つの ことばを 組み合わせて できた ことばに、═══を 引きましょう。（10てん）

④ つぎの 二つの ことばを 組み合わせて、一つの ことばを 作りましょう。（10てん）

食べる ＋ おわる → □

2 □の 文章を 読んで、後の もんだいに 答えましょう。

> 外で ゴロゴロと かみなりが 鳴った。
> その 音で、子犬は クンクン 鳴きだし、その 場を ぐるぐる 回って、ぶるぶる ふるえて いた。

1 かみなりの 音に、——を 引きましょう。（10てん）

2 つぎの ようすを あらわす ことばに、〰〰を 引きましょう。（一つ 10てん）

① 子犬が、回って いる ようす。

② 子犬が ふるえて いる ようす。

読みとる力

3 子犬の ようすから、どんな ことが わかりますか。合う ものに、○を つけましょう。（10てん）

ア（　）かなしんで いる こと。

イ（　）よろこんで いる こと。

ウ（　）こわがって いる こと。

2 かみなりや 子犬の ようすを あらわした ことばを おさえると、場面の ようすが わかるよ。

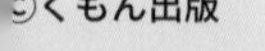

16 なかまの 漢字(かんじ)

月　日

名まえ

はじめ　じ　ふん

おわり　じ　ふん

かかった じかん　ふん

とくてん　てん

1 つぎの なかまの 漢字(かんじ)を 書(か)きましょう。（一つ 2てん）

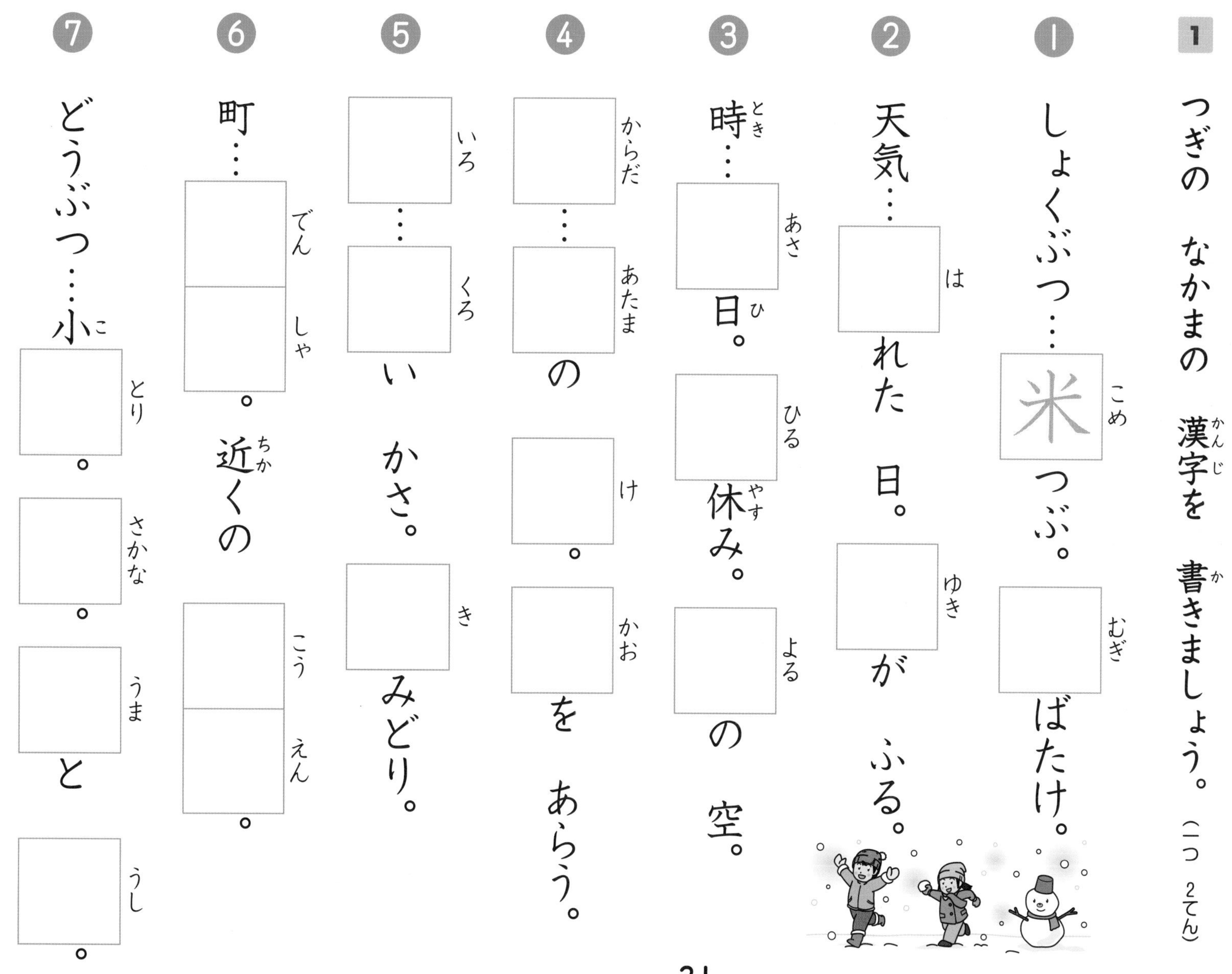

① しょくぶつ…米(こめ)つぶ。□(むぎ)ばたけ。

② 天気…□(は)れた 日。□(ゆき)が ふる。

③ 時(とき)…□(あさ)日(ひ)。□(ひる)休(やす)み。□(よる)の 空。

④ □(からだ)…□(あたま)の □(け)。□(かお)を あらう。

⑤ □(いろ)…□(くろ)い かさ。□(き)みどり。

⑥ 町…□□(でんしゃ)。近(ちか)くの □□(こうえん)。

⑦ どうぶつ…小(こ)□(とり)。□(さかな)。□(うま)と □(うし)。

2 つぎの　なかまの　ことばを　□　から　えらんで、漢字で　書きましょう。（一つ　3てん）

①　方角……北・□・□・□

②　きせつ……□・□・□・□

③　しぜん……□・□・□・□

④　家族……□・□・□・□

⑤　学校……□□・□□・□□・□□

きた・ほし・ちち・はる・ひがし・こくご
なつ・はは・にし・いけ・ずこう・みなみ
うみ・あき・おとうと・さんすう
ふゆ・たに・おんがく・いもうと

なかまの　漢字は、ほかにも　あるので　さがして　みよう。
なかまの　漢字は、いっしょに　おぼえよう。

17 漢字の 組み立て

月 日 名まえ

はじめ じ ふん　おわり じ ふん　かかった じかん ふん　とくてん てん

1 つぎの 組み合わせで できて いる 漢字を、□から えらんで 書きましょう。（一つ 3てん）

① 左と 右の 組み合わせ。……（作）・□・□・□

② 上と 下の 組み合わせ。……（思）・□・□

③ そのほかの 組み合わせ。……（道）・□・□

作・思・道・近・活・雲・妹・通・答・場

2 つぎの 漢字の 部分を 組み合わせて、漢字を 書きましょう。（①は 2てん、②・③は 一つ 4てん）

① 氵＋也……（池）で 魚が およぐ。

② 里＋予……□の 原で 走り回る。

③ 雨＋ヨ……□が ふる。

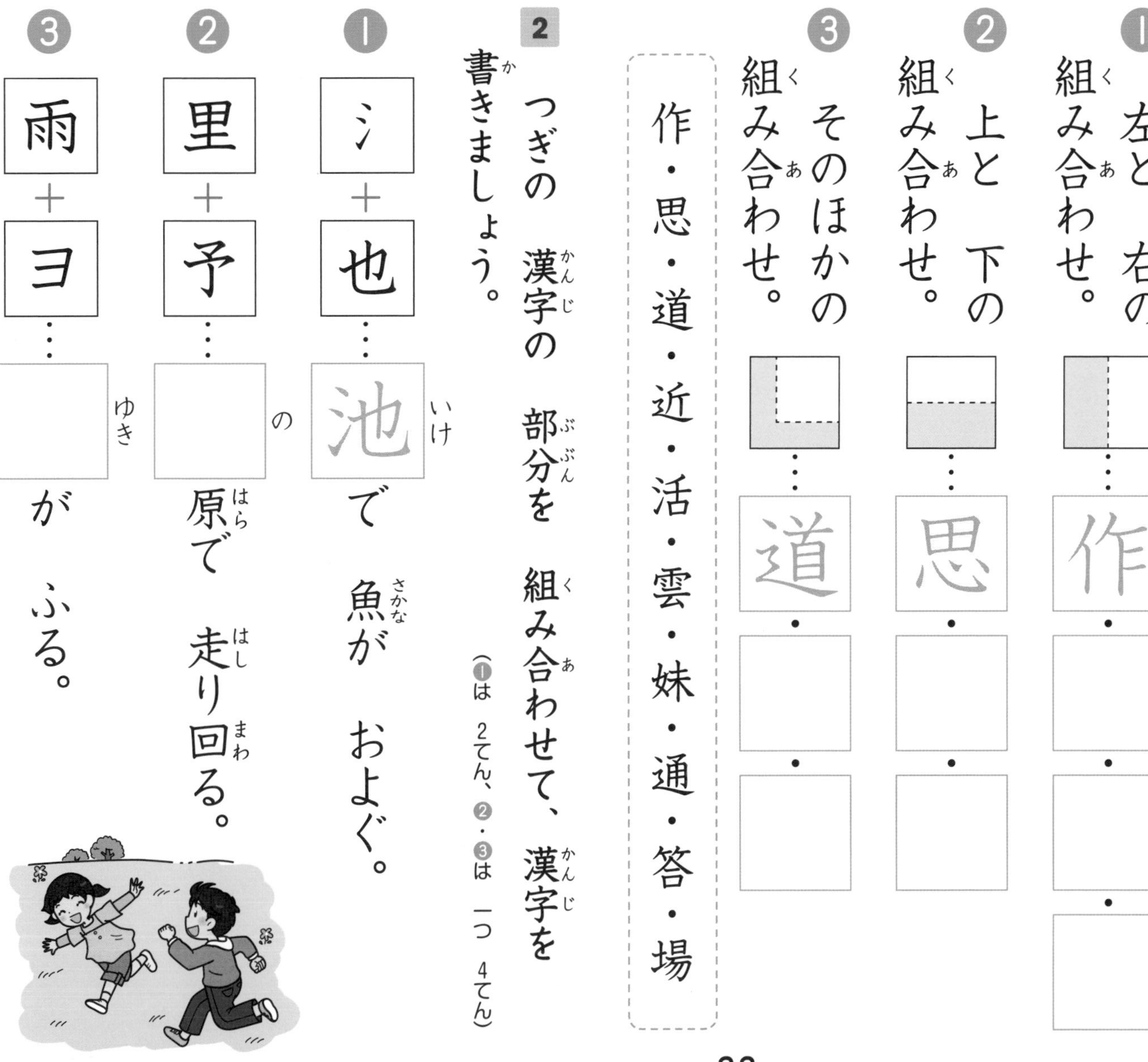

3 □の 部分を もつ 漢字を 書きましょう。（一つ 3てん）

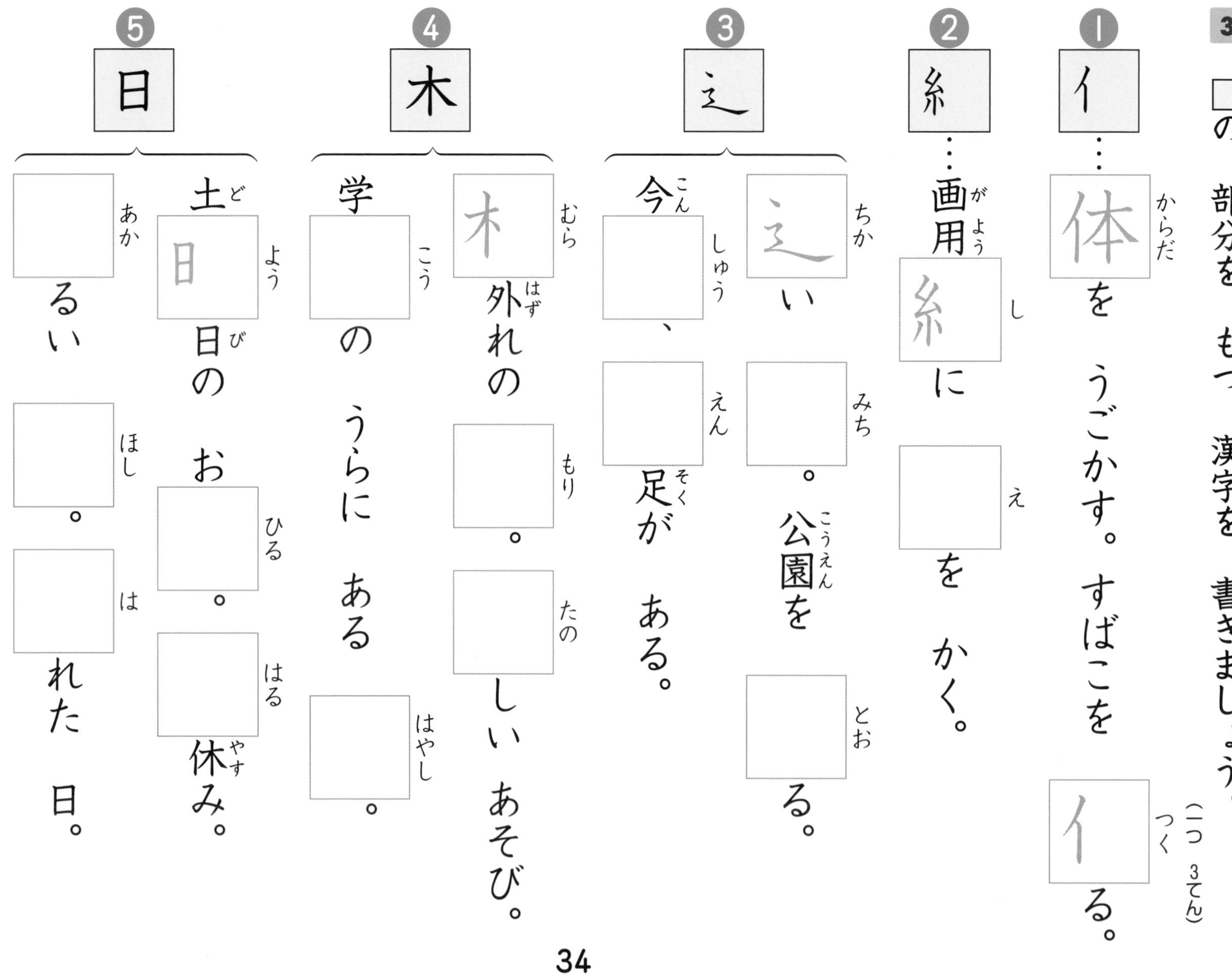

① 亻…（体）を うごかす。すばこを（亻）る。

② 糸…画用（糸）に □を かく。

③ 辶…（辶）い □。公園を □る。／今□、□足が ある。

④ 木…（木）外れの □。□しい あそび。／学□の うらに ある □。

⑤ 日…土（日）日の お□。□休み。／□るい □。□れた 日。

3 ④の「木」や ⑤の「日」は、左がわだけで なく、いろいろな 部分に 入るよ。

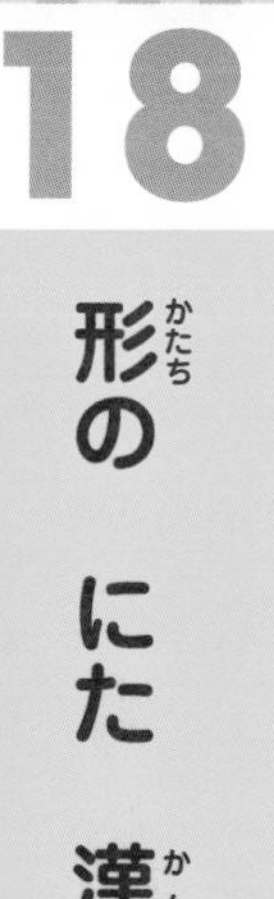

18 形のにた漢字

1 ——に合う漢字を、○でかこみましょう。（一つ 5てん）

① じ{ 自（○） ・ 白 }分。

② すく{ 小 ・ 少 }ない数。

③ ほう{ 方 ・ 万 }角。

④ ふかいたに{ 合 ・ 谷 }。

2 形に気をつけて、漢字を書きましょう。（一つ 4てん）

① ［て］を上げる。　［け］糸であむ。

② 線の［うち］がわ。　牛［にく］を買う。

③ ［はは］のかさ。　［まい］日歌う。

④ ［あたら］しいノート。　馬の［おや］子。

3 形に 気を つけて、漢字を 書きましょう。（一つ 4てん）

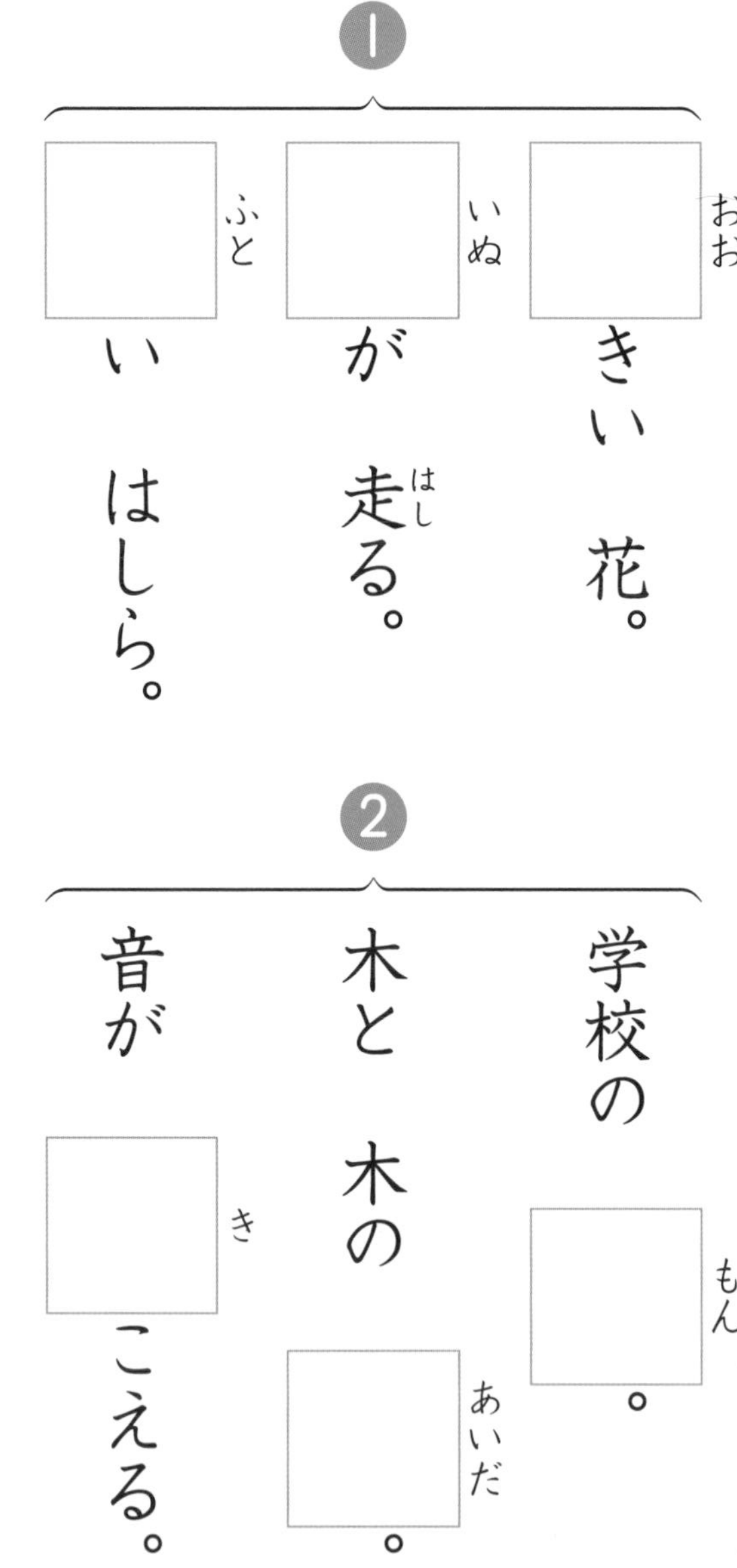

①
（おお）□ きい 花。
（いぬ）□ が 走る。
（ふと）□ い はしら。

②
学校の （もん）□。
木と 木の （あいだ）□。
音が （き）□ こえる。

4 文を書く力

まちがって いる 漢字に ――を 引いて、右がわに 正しく 書きましょう。（一つ 8てん）

〈れい〉 むこうに 山が 貝える。（見）

① 先週、親しい くつを 買って もらった。

② 牛後、姉と いっしょに 野原へ 行った。

③ 公園の 地で 黒い 魚が およいで いた。

形の にて いる 漢字は、書きまちがえやすいので、読み方や つかい方の ちがいを おぼえよう。

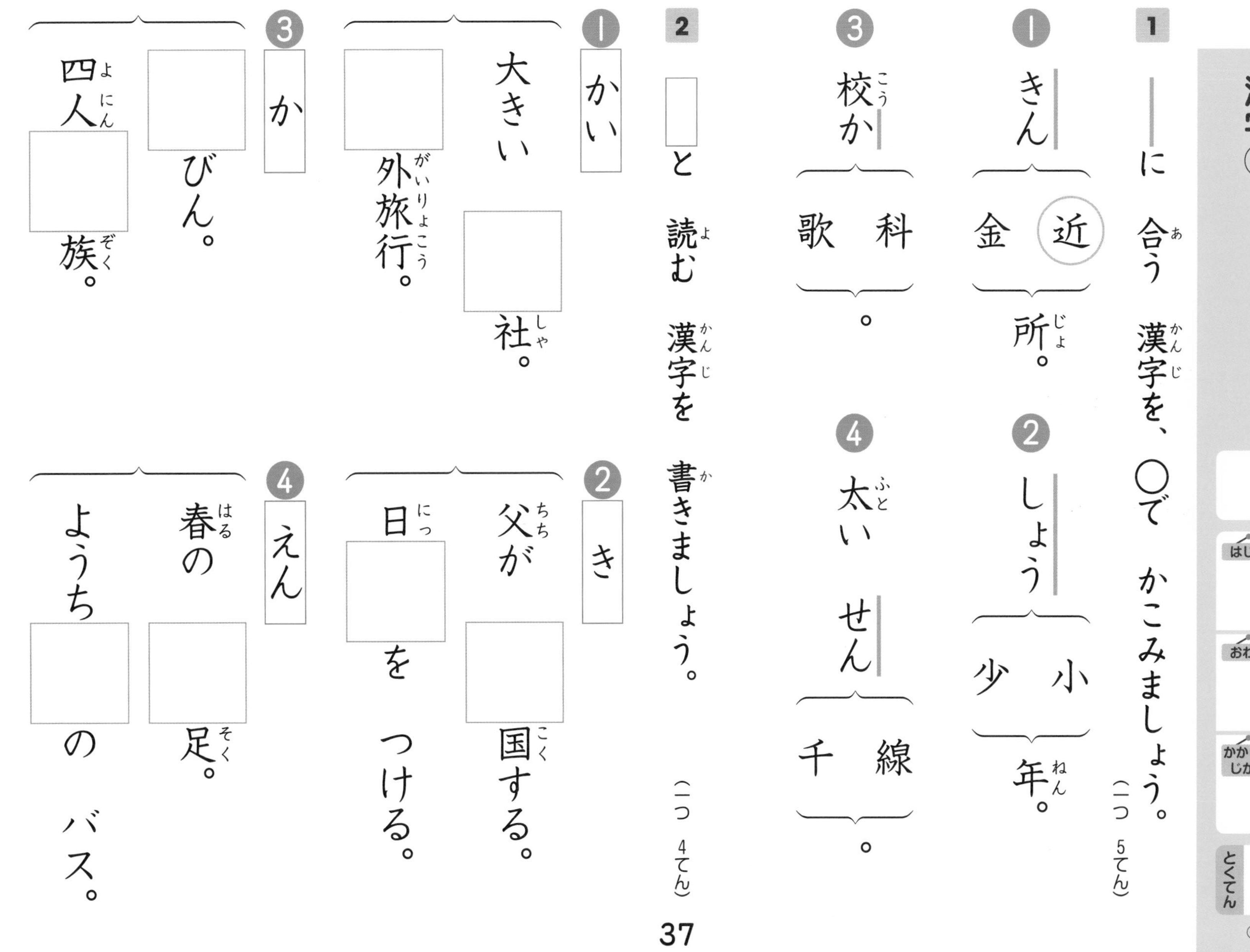

19 同じ 読み方の 漢字①

月　日

名まえ

はじめ　じ　ふん

おわり　じ　ふん

かかった じかん　ふん

とくてん　てん

1 ――に 合う 漢字を、○で かこみましょう。（一つ 5てん）

① きん{金・近}所。

② しょう{少・小}年。

③ 校か{歌・科}。

④ 太い せん{千・線}。

2 □と 読む 漢字を 書きましょう。（一つ 4てん）

① かい
- 大きい □社。
- □外旅行。

② き
- 父が □国する。
- 日□を つける。

③ か
- □びん。
- 四人□族。

④ えん
- 春の □足。
- ようち□の バス。

3 □と 読む 漢字を 書きましょう。（一つ 4てん）

① げん

□気な 声。

みどりの 草□。

人□の すがた。

② きょう

□弟で あそぶ。

音楽の □科書。

算数の 勉□。

4 まちがって いる 漢字に ―を 引いて、右がわに 正しく 書きましょう。（一つ 8てん）

〈れい〉 正天の 日が つづく。 晴

① えき前の 校番で 道を 聞く。

② 国語の 寺間に 本を 読んだ。

③ 小さい 子どもに 新切に する。

同じ 読み方の 漢字は 書きまちがえやすいので、いみや つかい方の ちがいを しっかり おぼえよう。

20 同じ 読み方の 漢字②

月　日

名まえ

はじめ　じ　ふん

おわり　じ　ふん

かかった じかん　ふん

とくてん　てん

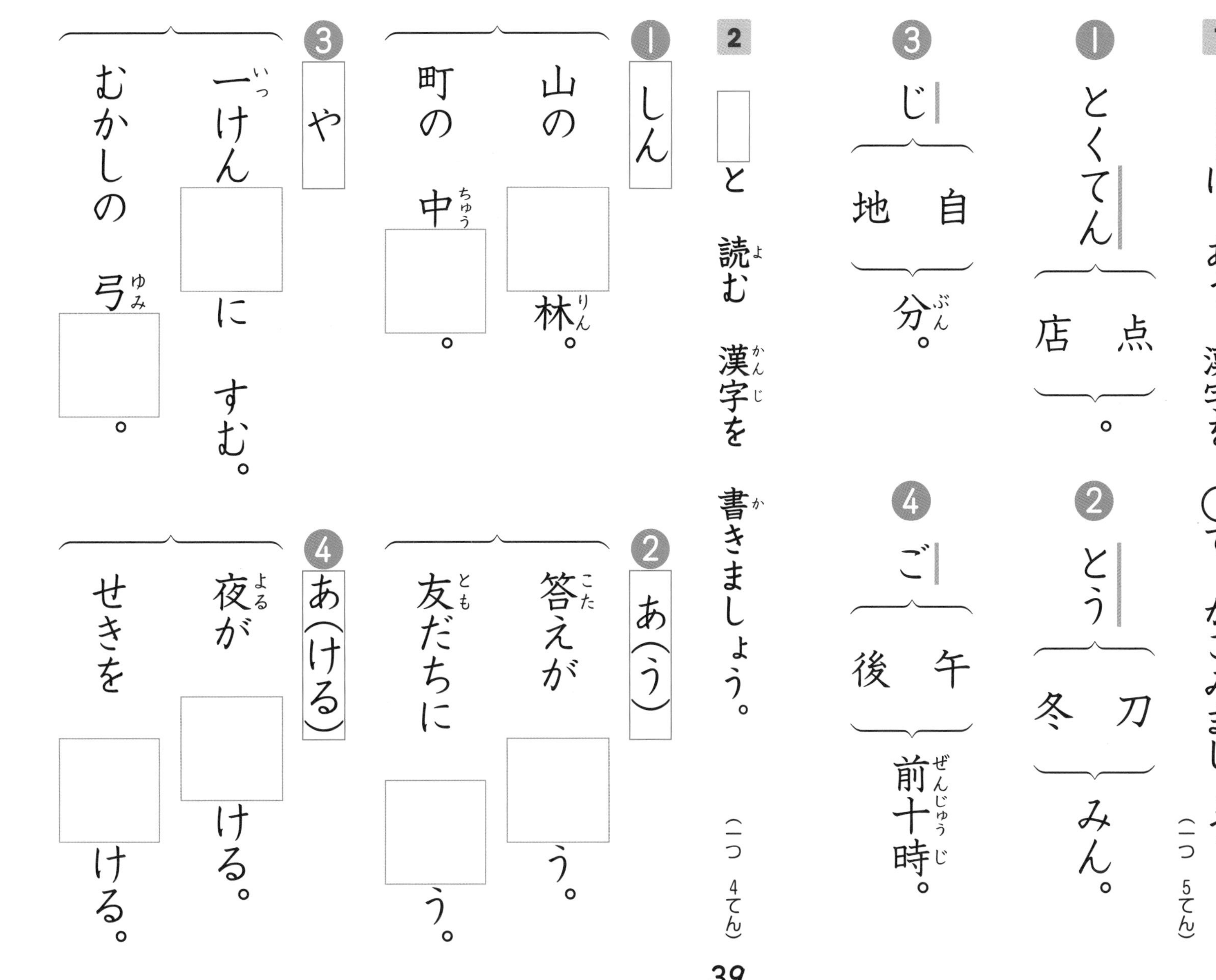

1 ーに あう 漢字を、○で かこみましょう。（一つ 5てん）

① とくてん｛点・店｝。

② とう｛刀・冬｝みん。

③ じ｛自・地｝分。

④ ご｛午・後｝前十時。

2 □と 読む 漢字を 書きましょう。（一つ 4てん）

① しん
- 山の □林。
- 町の 中□。

② あ(う)
- 答えが □う。
- 友だちに □う。

③ や
- 一けん□に すむ。
- むかしの 弓□。

④ あ(ける)
- 夜が □ける。
- せきを □ける。

3 □と 読む 漢字を 書きましょう。（一つ 4てん）

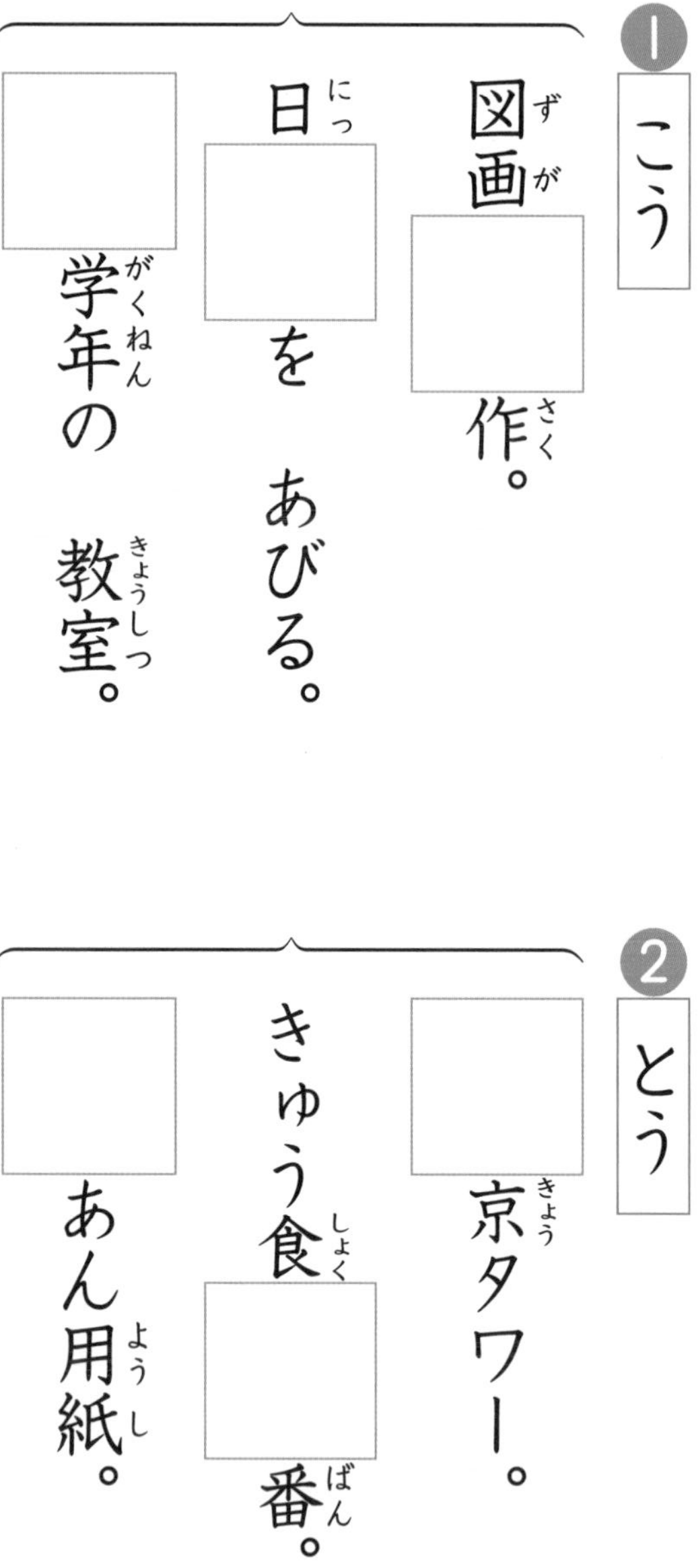

① こう

図画□作。

日□を あびる。

□学年の 教室。

② とう

□京タワー。

きゅう食□番。

□あん用紙。

文を書く力

4 まちがって いる 漢字に ─を 引いて、右がわに 正しく 書きましょう。（一つ 8てん）

〈れい〉 大ようが 雲に かくれる。 太

① 学校からの 帰りに 兄に 合う。

② 弟が 公遠の 中を 走り回る。

③ 年が 空けて、新年の あいさつを する。

3 ① 「工場」、「光線」、「高校生」のように、つかい方で おぼえよう。

21 しあげドリル③

月　日

名まえ

はじめ　じ　ふん
おわり　じ　ふん
かかった じかん　ふん

とくてん　てん

1 □の 文章を 読んで、後の もんだいに 答えましょう。

わたしの 弟は、春から ようち園に 入った。入園式の 日、町の 北に ある 公園で、みんなで しゃしんを とった。

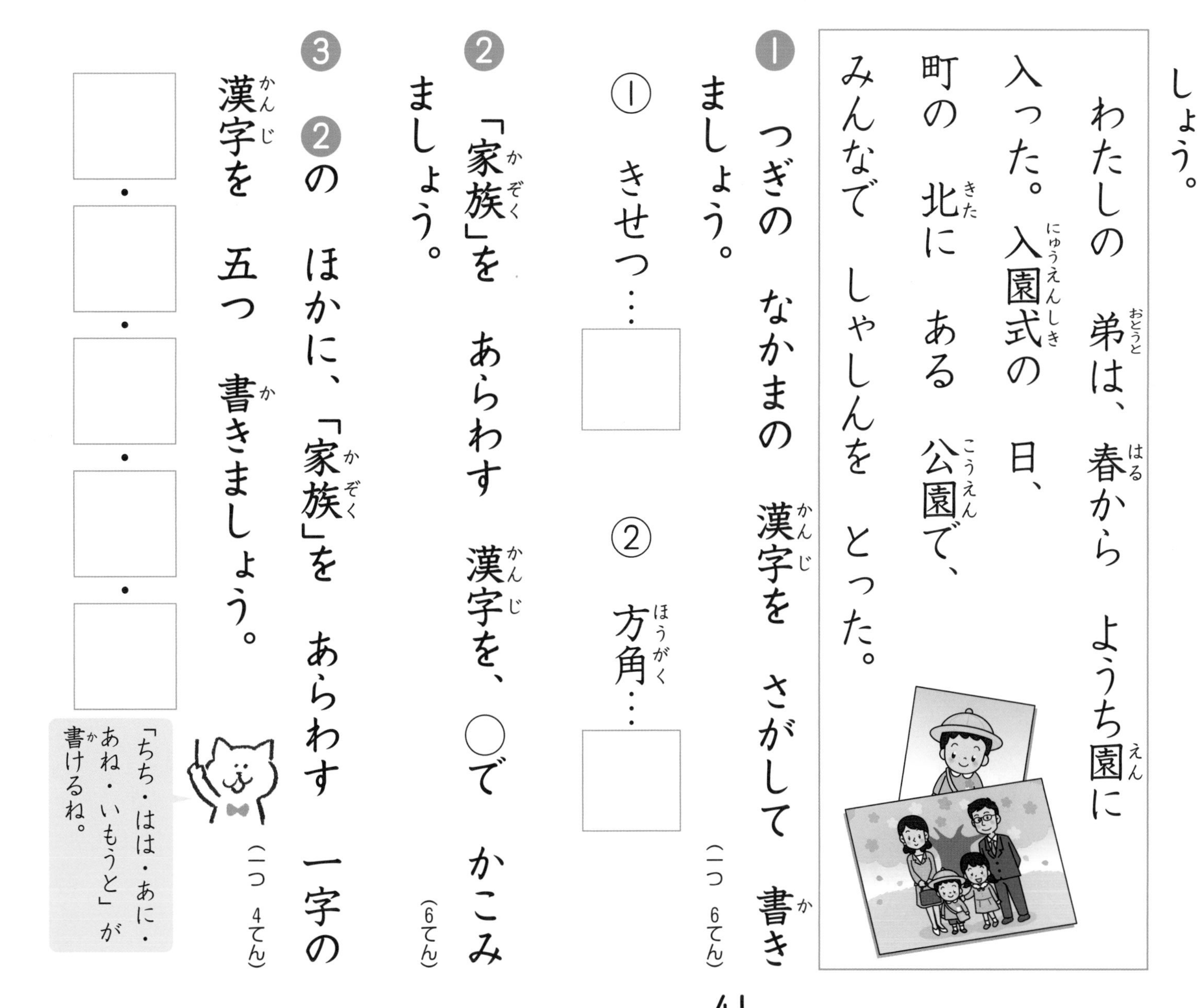

❶ つぎの なかまの 漢字を さがして 書きましょう。（一つ 6てん）

① きせつ…□　② 方角…□

❷ 「家族」を あらわす 漢字を、○で かこみましょう。（6てん）

❸ ❷の ほかに、「家族」を あらわす 一字の 漢字を 五つ 書きましょう。（一つ 4てん）

□・□・□・□・□

「ちち・はは・あに・あね・いもうと」が 書けるね。

2・3では、形の にて いる 漢字、同じ 読み方の 漢字の まちがいを 見つけて、正しく 書き直そう。

文を書く力

2 □の 文章を 読んで、後の もんだいに 答えましょう。

（遠）
園足では、言気に 校科を うたった。べんとうは、草元に シートを しいて 食べた。

1 漢字の まちがいが 四字 あります。――を 引いて、右がわに 正しく 書きましょう。（一つ 5てん）

3 □の 文章を 読んで、後の もんだいに 答えましょう。

年が 空けて、毎に 親しい 手糸の セーターを 貝って もらった。わたしは それを きて、おばあちゃんに 合いに 行った。

文を書く力

1 漢字の まちがいが 六字 あります。――を 引いて、右がわに 正しく 書きましょう。（一つ 7てん）

22 かなづかい

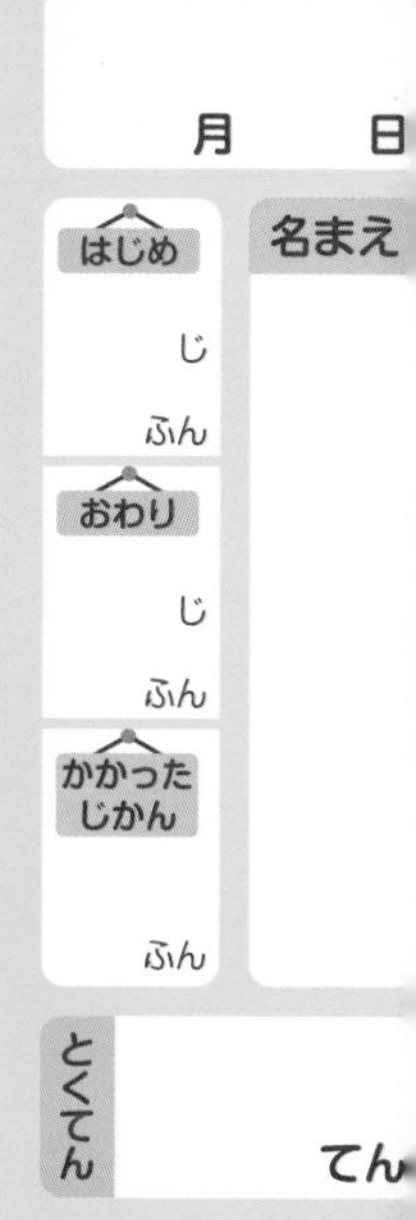

名まえ　月　日　はじめ　じ　ふん　おわり　じ　ふん　かかった じかん　ふん　とくてん　てん

1 ―の　かなづかいが　正しい　ことばを、◯で　かこみましょう。（一つ　3てん）

① こおり／こうり

② うなずく／うなづく

③ はなじ／はなぢ

④ こおろぎ／こうろぎ

⑤ かんずめ／かんづめ

⑥ おおだいこ／おうだいこ

2 かなづかいの　正しい　字を　〈　〉から　えらんで、□に　書きましょう。（一つ　3てん）

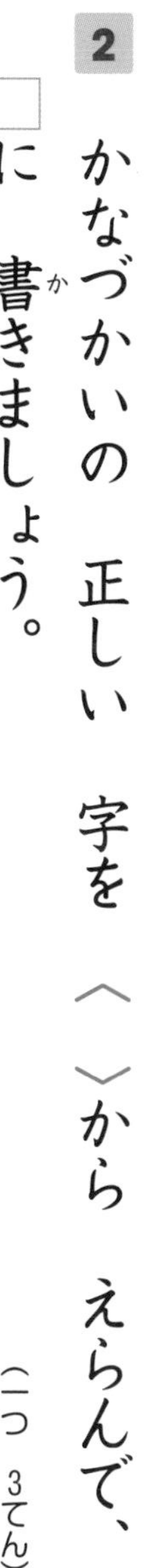

① きの□〈う・お〉、こうえん□〈え・へ〉　いった。

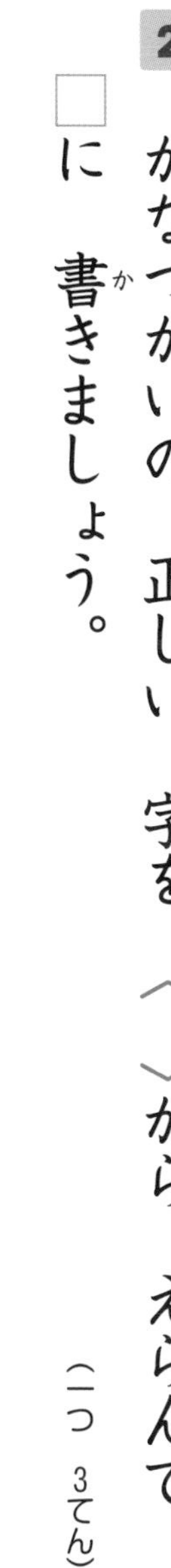

② りんご□〈お・を〉　はこ□〈ず・づ〉めに　する。

③ おとうさん□〈わ・は〉　ち□〈ず・づ〉を　みた。

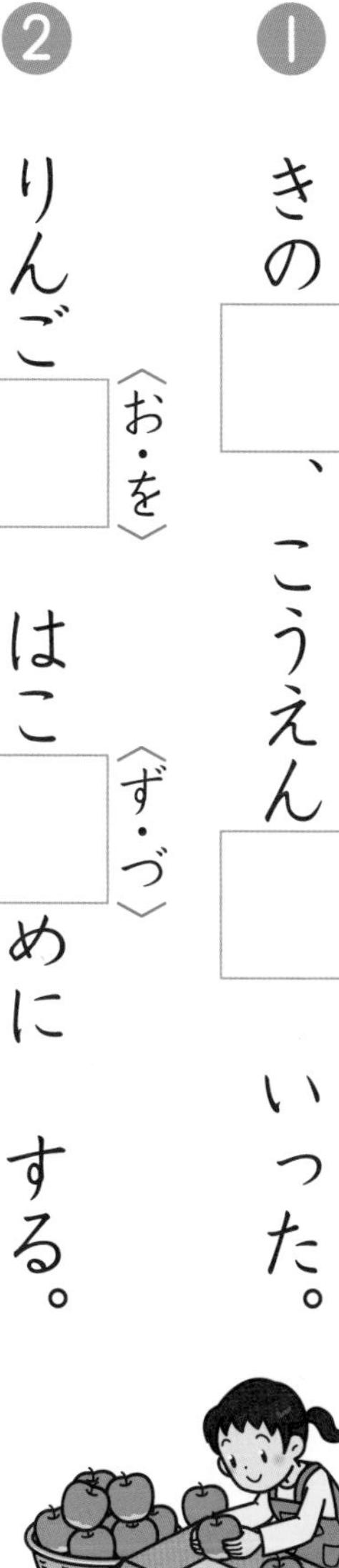

3 ――の　ことばの　かなづかいが、正しい　ものには○を、まちがって　いる　ものは、正しく　書き直しましょう。　（一つ　4てん）

❶ おとおとは、（おとうと）　どうろで（　　）　おうごえを（　　）　だした。

❷ すずめが（　　）　すこしづつ（　　）　ちかずいて（　　）　くる。

4 文を書く力

かなづかいが　まちがって　いる　字に　―を　引いて、右がわに　正しい　字を　書きましょう。　（一つ　4てん）

❶ こおえんの　そうじお　した。（う）（を）

❷ かんずめを　ひとつづつ　はこぶ。

❸ ひこうきわ、とおくえ　とんで　いった。

❹ あかづきんと　おうかみの　はなしを　よむ。

❺ いもおとの　セーターが　ちじむ。

2 4 ことばの　あとに　つく　「は」「を」「へ」は、「ワ」「オ」「エ」と読むよ。正しく　書いたり　読んだり　しよう。

23 丸（。）、点（、）、かぎ（「」）の　つかい方①

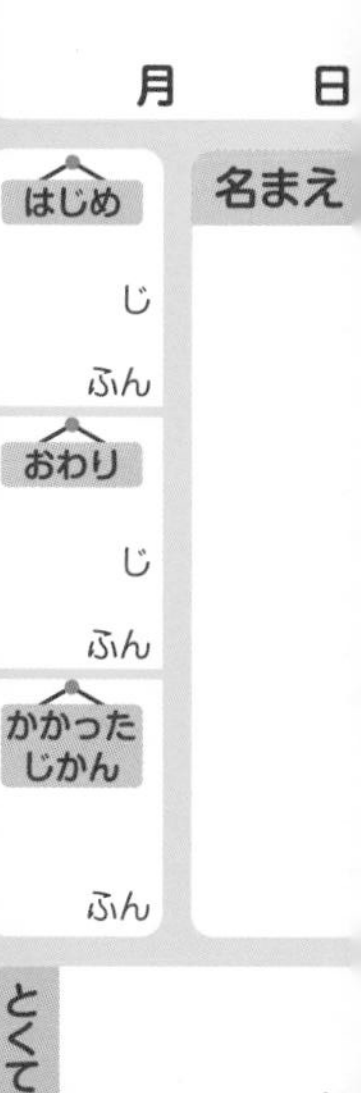

1 □に　丸（。）か　点（、）を　書きましょう。（一つ　4てん）

① きのう□友だちの　家で　あそんだ□

② めだかが□すいすい　およいで　いる□

③ すずめが□チュンチュン　鳴いて　いる□

④ 家に　つくと□雨が　強く　なった□

⑤ さむかったので□セーターを　きた□

2 つぎの　文で、点（、）を　つけた　ほうが　よい　□に、点（、）を　書きましょう。（一つ　6てん）

① 大きな　犬が□ワンワン□ほえて　いる。

② ぼくは□大きな　声で□へんじを　した。

③ きょう□おかあさんと□デパートに　行った。

④ 七月に　入ると□あつく□なって　きた。

⑤ えんそうが□おわったので□手を　たたいた。

いみの　切れめに　気を　つけて、つぎの　文や文章に、点（、）を　一つずつ　書きましょう。

（一つ　5てん）

1
きのう　午後から
雨が　ふりました。

2
大きな　魚が　水そうの
中を　およいで　いた。

3
かぜを　ひいたので
くすりを　のんだ。

4
公園に　行くと
まさとくんが　まって　いた。

5
空が　くらく　なって　きた。
すると　雨が　ふって　きた。

6
大声で　よんで　みた。でも
さとしくんは　ふりかえらなかった。

丸（。）は　文の　おわりに、点（、）は　文の　中の　いみの　切れめに　つけるよ。

24 丸（。）、点（、）、かぎ（「」）の　つかい方②

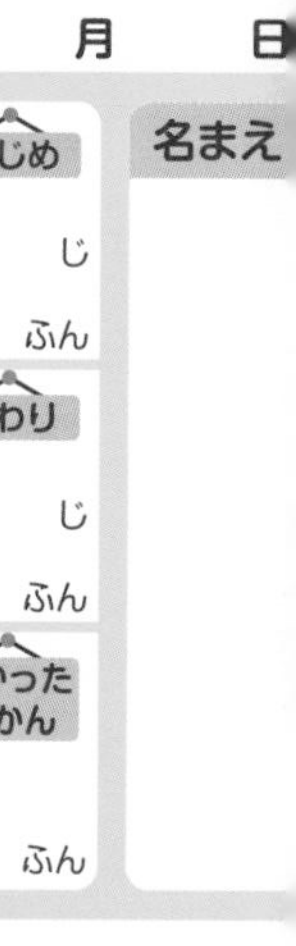

月　日
名まえ
はじめ　じ　ふん
おわり　じ　ふん
かかった　じかん　ふん
とくてん　てん

文を書く力 1

つぎの〔　〕の　文章に、かぎ（「　」）を　ひと組ずつ　書きましょう。（ひと組　8てん）

①
〔ぼくは、

「いただきます。」

と、元気よく　言った。〕

②
〔行って　きます。
と、まゆみさんは　家を　出た。〕

③
〔おとうさんが、
何　してるの。
と　言って、へやに　来た。〕

④
〔たかしくんが、
ひよこが　生まれたよ。
と、教えて　くれた。〕

⑤
〔車に　ちゅういしなさい。
と、帰りに　先生に　言われた。〕

つぎの〔　〕の 文章に、かぎ(「　」)を ふた組ずつ 書きましょう。(ひと組 10てん)

1

〔
わたしが、
さようなら。
と 言うと、つよしくんが、
また、あした。
と 言って、走って いった。
〕

2

〔
わあ、きれい。
と、わたしが 言うと、おかあさんが、
花びんに かざりましょうか。
と 言って、花びんに 花を かざった。
〕

3

〔
弟が、
公園に 行きたい。
と 言った。ぼくが、
ぶらんこに のろうか。
と 言うと、弟は よろこんだ。
〕

かぎ(「　」)は、人が 話した ことばに つけるよ。「だれが」や、「〜と 言う」などの ことばに 気を つけよう。

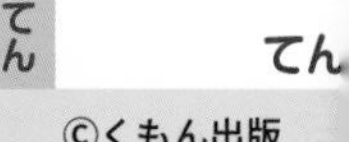
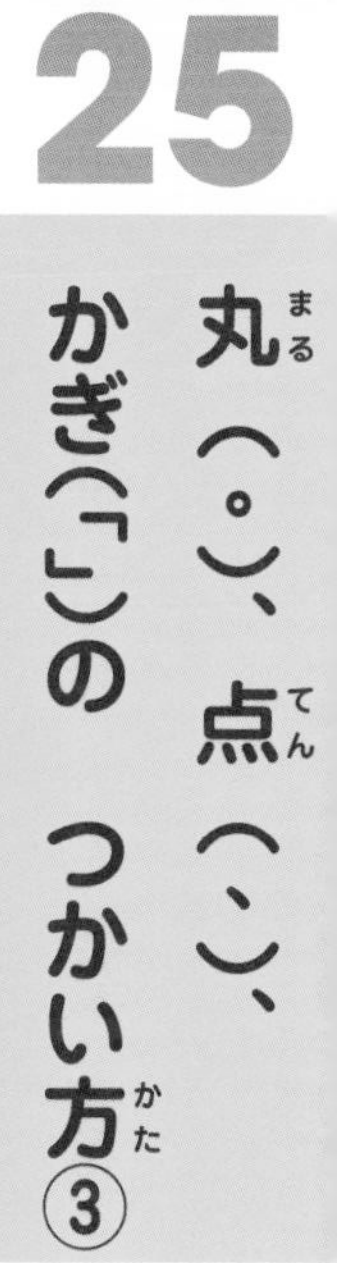
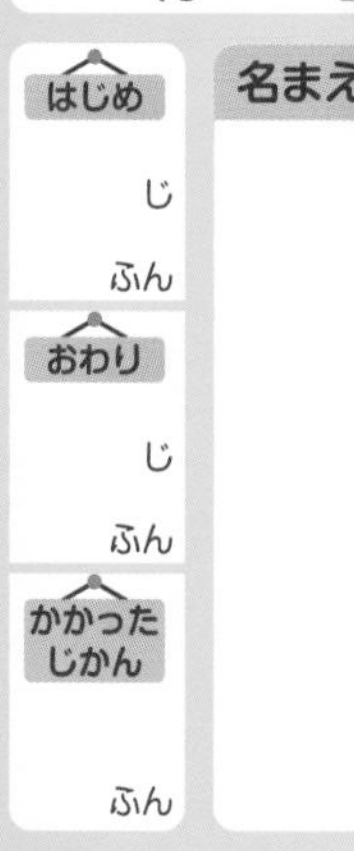

25 丸（。）、点（、）、かぎ（「」）の　つかい方③

月　日　名まえ
はじめ　じ　ふん
おわり　じ　ふん
かかった じかん　ふん
とくてん　てん

1 〈　〉の　いみに　合う　文に、◯を　つけましょう。（一つ　8てん）

① 〈入る〉
（　　）ねこ、はいるよ。
（　　）ねこは、いるよ。

② 〈知る〉
（　　）わたし、はしって　いる。
（　　）わたしは、しって　いる。

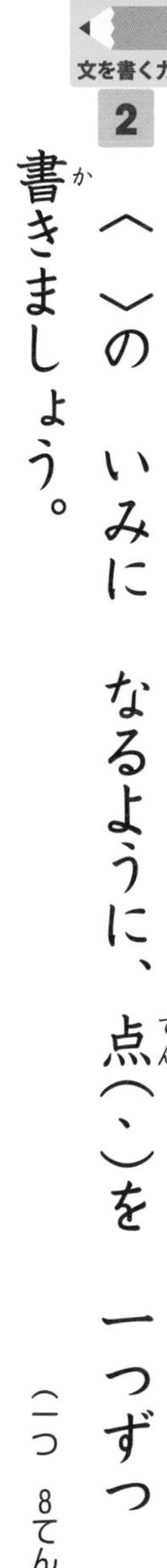

文を書く力 **2** 〈　〉の　いみに　なるように、点（、）を　一つずつ　書きましょう。（一つ　8てん）

① 〈ころんだ〉
［ぼくねころんだの。］

② 〈てまえで　止める〉
［車をうごかしてまえで止める。］

③ 〈はブラシを　買う〉
［ぼくはブラシを買うよ。］

つぎの　文を、〈　〉の　いみに　なるように、点（、）を　一つずつ　つけて　書きましょう。（一つ　10てん）

1 わたしはいしゃになりたい。

①〈いしゃに　なりたい〉

（わたしは、いしゃに）

②〈はいしゃに　なりたい〉

（　）

2 ここではきものをぬぐ。

①〈はきものを　ぬぐ〉

（　）

②〈きものを　ぬぐ〉

（　）

3 ハンドルを回してもとにもどす。

①〈もとに　もどす〉

（　）

②〈てもとに　もどす〉

（　）

点（、）を　つける　ところに　よって、文の　いみが　かわる　ことが　あるので、気を　つけよう。

しあげドリル④

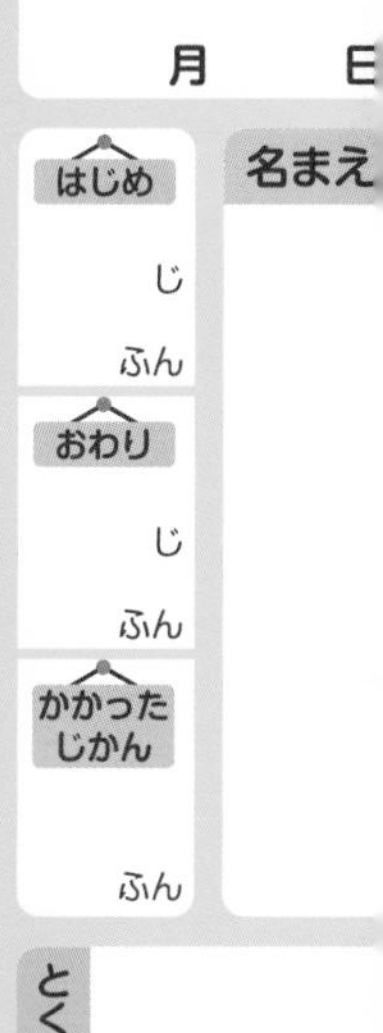

1 □の　文章を　読んで、後の　もんだいに　答えましょう。

おとおさんが、とうくの　ほうで、
「くわがたが　いるぞ。」
と　いった。ぼくわ、こえの　した　ほうえ、
はしって　いった。くわがたを　みて、
やったあ。
と、ぼくは　おうごえお　だした。

文を書く力 **①** かなづかいの　まちがいが　六字　あります。―を　引いて、右がわに　正しく　書きましょう。（一つ　5てん）

文を書く力 **②** かぎ（「　」）を　入れわすれて　います。かぎ（「　」）を　ふた組　書きましょう。（ひと組　5てん）

2 □の 文章を 読んで、後の もんだいに 答えましょう。

りょうりが、すこしづつ できて いく□
おかあさんが□
「テーブルに はこんで。」
と いった。おねいさんは□
「ゆのみじゃわんも もって いくの。」
と、てつだいを はぢめた□

文を書く力 **1** かなづかいの まちがいが 四字 あります。――を 引いて、右がわに 正しく 書きましょう。（一つ 5てん）

文を書く力 **2** □に 丸（。）か 点（、）を 書きましょう。（一つ 10てん）

「う」と 「お」、「じ」と 「ぢ」や、「は・を・へ」の かなづかいの まちがいを 見つけよう。

27 文の　組み立て①

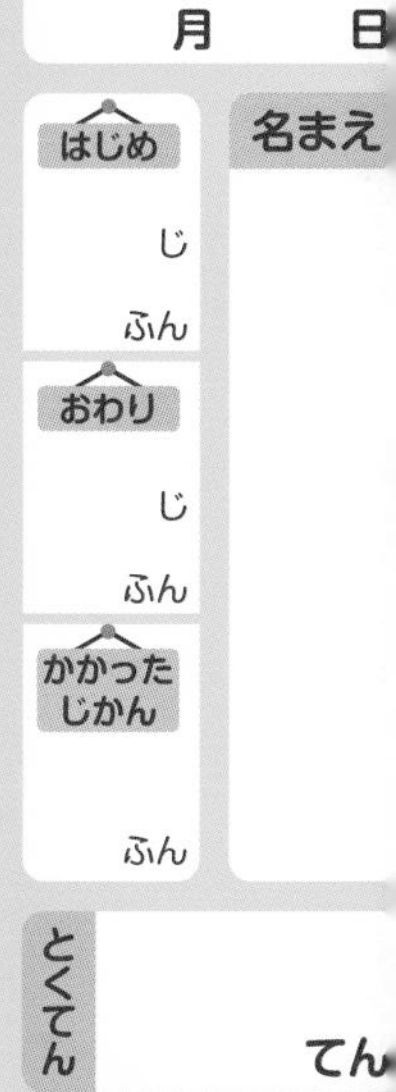

1 何が　何はに　あたる　ことばに、——を　引きましょう。（一つ　4てん）

① 犬が　走る。

② はとが　とぶ。

③ こまが　くるくる　回る。

④ せみは　こん虫だ。

⑤ こいは　ゆっくりと　およいだ。

「何が」「何は」に
あたる　ことばを
主語と　言うよ。

2 何が　何はに　あたる　ことばを　書きましょう。（一つ　6てん）

① ちょうが　ふわふわ　とぶ。（ちょうが）

② 魚が　すいすい　およぐ。（　　　）

③ すずしい　風が　ふいた。（　　　）

④ あの　鳥は　すずめだ。（　　　）

⑤ くじらは　とても　大きい。（　　　）

3 [だれが] [だれは]に　あたる　ことばに、——を引きましょう。（一つ　4てん）

① ぼくが　話す。

② 赤ちゃんが　わらう。

③ わたしは　二年生です。

④ 妹は　人形で　あそんだ。

⑤ 大声で　友だちが　よぶ。

4 [だれが] [だれは]に　あたる　ことばを　書きましょう。（一つ　6てん）

① ぼくが　校ていを　走る。（ぼくが）

② おばさんが　花を　つんだ。（　　）

③ 兄は　へやで　ねて　いる。（　　）

④ おとうさんは　力もちだ。（　　）

⑤ みんなが　手を　たたいた。（　　）

1 2の「何が」「何は」も、3 4の「だれが」「だれは」も、どちらも主語だよ。

28

文の　組み立て②

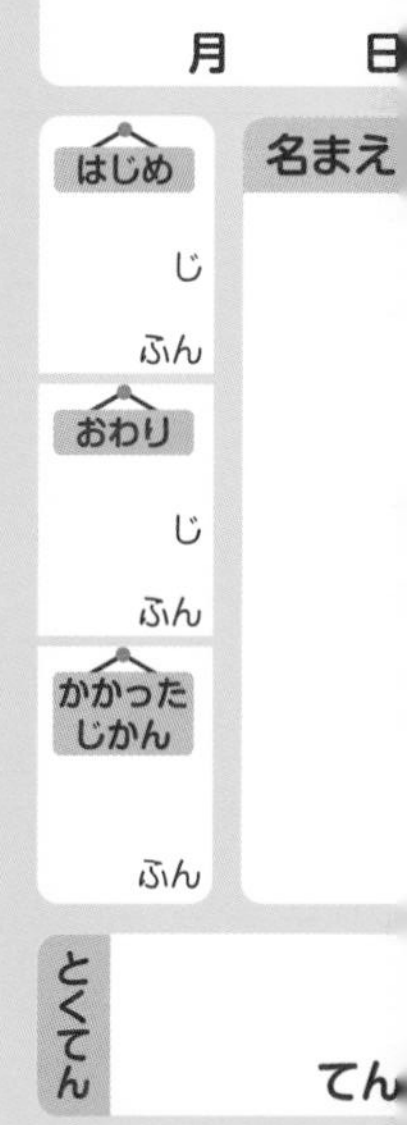

1 どうする　どうした　に　あたる　ことばに、――を引きましょう。（一つ　5てん）

① 兄が　ボールを　なげる。

② 大つぶの　雨が　ふる。

③ ぼくは　パンを　食べた。

④ わたしは　本を　読んだ。

「どうする」「どうした」に あたる ことばを、述語と 言うよ。

2 どうする　どうした　に　あたる　ことばを　書きましょう。（一つ　6てん）

① 赤ちゃんが　ミルクを　のむ。（のむ）

② 大きな　魚が　およぐ。（　　）

③ 弟が　大声で　話す。（　　）

④ おかあさんが　肉を　やいた。（　　）

⑤ 兄は　ゴールまで　走った。（　　）

3 どんなだ にあたることばを書きましょう。（一つ5てん）

① 車の音がうるさい。（うるさい）

② 太陽の光がまぶしい。（　　　）

③ 花だんの花がきれいだ。（　　　）

④ ひとりのへやはしずかだ。（　　　）

「どんなだ」「何だ」にあたることばも述語だよ。

4 何だ にあたることばを書きましょう。（一つ6てん）

① とんぼはこん虫だ。（こん虫だ）

② キャベツはやさいだ。（　　　）

③ わたしは小学生です。（　　　）

④ おじさんは先生だ。（　　　）

⑤ この花はたんぽぽだ。（　　　）

「どうする」「どうした」、「どんなだ」、「何だ」は、文のおわりにあることが多いよ。

29 文の　組み立て③

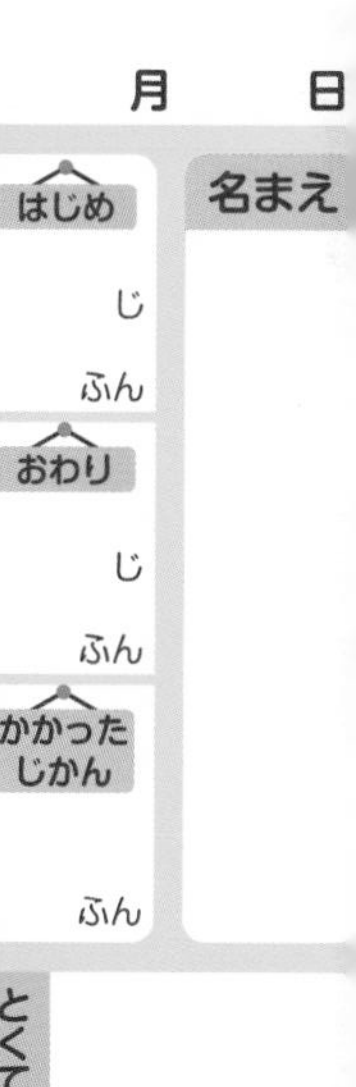

1 つぎの　文の　主語（「何が(は)」「だれが(は)」）に ――を、述語（「どうする」「どんなだ」「何だ」）に 〰〰を　引きましょう。（一つ　5てん）

① 白い　ちょうが　ひらひら　とぶ。

② にわの　花が　きれいだ。

③ わたしの　兄は、中学生です。

2 つぎの　文の　主語（「何が(は)」「だれが(は)」）と、述語（「どうする」「どんなだ」「何だ」）を　書きましょう。（一つ　5てん）

① 大きな　魚が、ゆっくり　およぐ。

主語（　魚が　）　述語（　およぐ　）

② 中にわの　花が、とても　きれいだ。

主語（　　　　）　述語（　　　　）

③ あの　小さな　虫は、てんとう虫だ。

主語（　　　　）　述語（　　　　）

3 つぎの　文の　形を　［　］から　えらんで、記号を　書きましょう。（一つ　4てん）

1. てんとう虫が　とぶ。………（　　）
2. てんとう虫は　こん虫だ。…（　　）
3. てんとう虫は　小さい。……（　　）
4. ぞうは　どうぶつだ。………（　　）
5. ぞうは　大きい。……………（　　）
6. ぞうが　水を　のむ。………（　　）
7. 姉の　へやは　明るい。……………（　　）
8. まどから　小さな　虫が　入る。……（　　）
9. この　花は　ひまわりだ。…………（　　）
10. きのうから　雨が　ふりつづいた。…（　　）

ア　何が（は）　どうする。
イ　何が（は）　どんなだ。
ウ　何が（は）　何だ。

3の　文の　形の　ちがいは、文の　おわりの　述語が　何を　あらわして　いるかを　見ると　わかるよ。

文の　組み立て④

月　日

名まえ

はじめ　じ　ふん

おわり　じ　ふん

かかった じかん　ふん

とくてん　てん

1 [　]の　ことばを　くわしく　して　いる　ことばに、――を　引きましょう。（一つ　5てん）

① 赤い　[花]が　さく。

② あまい　[バナナ]を　食べる。

③ 黄色い　[ちょう]が　とぶ。

④ 朝、明るい　[光]が　さして　くる。

⑤ 夜、すずしい　[風]が　ふいて　きた。

「どんな」に
あたる
ことばだよ。

2 [　]の　ことばを　くわしく　して　いる　ことばを　書きましょう。（一つ　5てん）

① 小さな　[虫]が　とぶ。（小さな）

② 高い　[えんとつ]が　見える。（　　）

③ 姉が　新しい　[くつ]を　買う。（　　）

④ 強い　[力]で　戸を　たたく。（　　）

⑤ つめたい　[水]を　のむ。（　　）

3 □の　ことばを　くわしく　して　いる　ことばに、——を　引きましょう。　（1つ　5てん）

1 雨が　ザーザー　ふる。

2 子ねこが　ニャーニャー　鳴く。

3 電車が　がたがた　ゆれる。

4 子犬が　ぺろぺろ　なめる。

5 おじいさんが　ゆっくり　歩く。

「どのように」に　あたる　ことばだよ。

4 □の　ことばを　くわしく　して　いる　ことばを　書きましょう。　（1つ　5てん）

1 星が　きらきら　光る。　（きらきら）

2 魚が　すいすい　およぐ。　（　　　）

3 水を　ごくごく　のむ。　（　　　）

4 かばんが　ずっしり　おもい。　（　　　）

5 こまが　くるくる　回る。　（　　　）

3 4は、「どのように」に　あたる　ことばだよ。ようすを　あらわす　ことばを　見つけよう。

31 文の　組み立て⑤

月　日
名まえ
はじめ　じ　ふん
おわり　じ　ふん
かかった じかん　ふん
とくてん　てん

1 □の　ことばを　つかって、絵に　合う　文を　作りましょう。（一つ　10てん）

① 赤い
（赤い花がさく。）

② 大きな
（　）

③ きれいな
（　）

文を書く力
2 □の　ことばを　つかって、絵に　合う　文を　作りましょう。（一つ　10てん）

① ワンワン
（子犬がワンワン鳴く。）

② ゆらゆら
（　）

③ ゆっくり
（　）

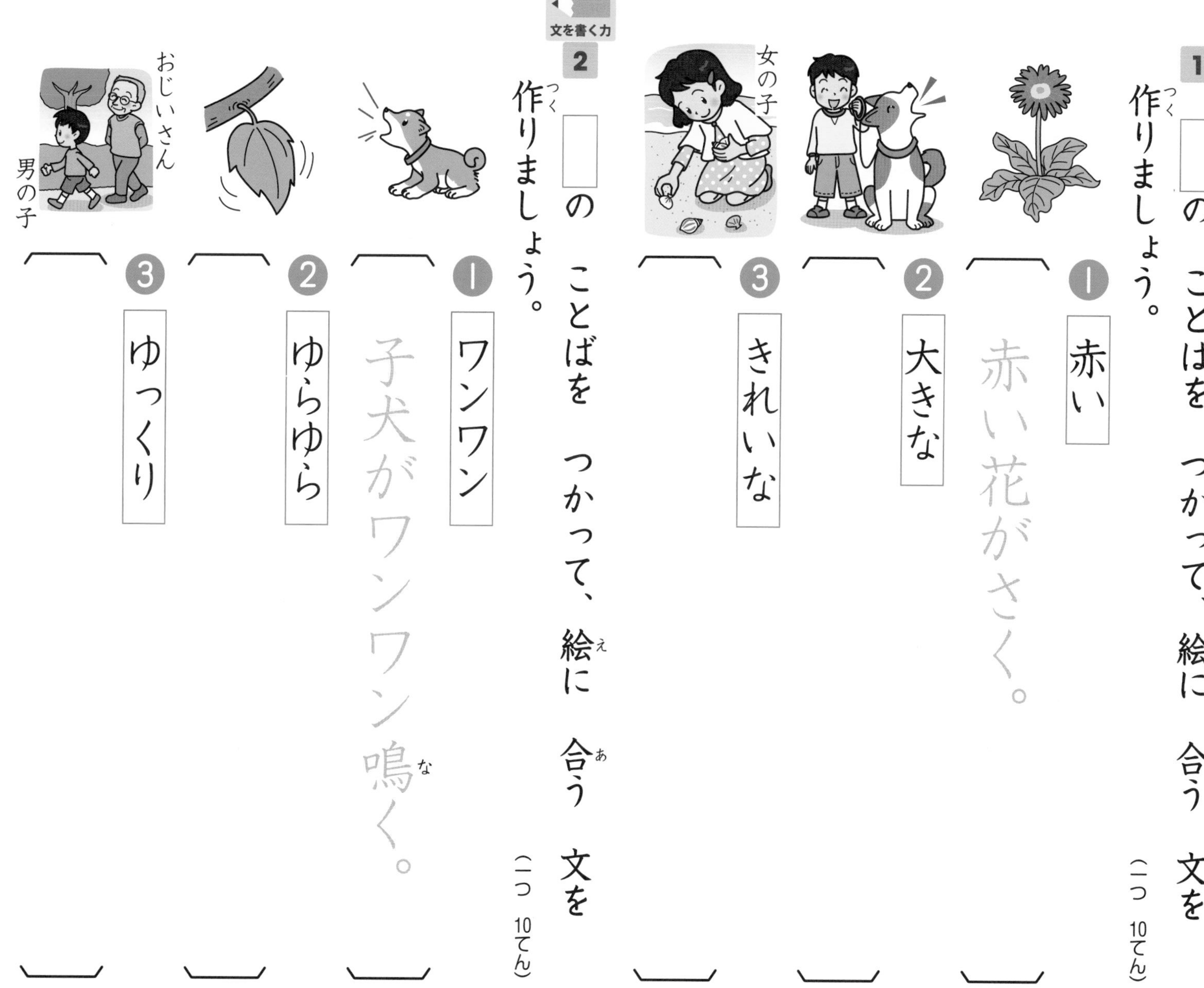

絵を　見て、つぎの　形の　文を　作りましょう。（一つ　10てん）

1 何が　どうする。

ねこ

〔　　　〕

2 何が　何を　どうする。

ねこ　えさ

〔　　　｜　　　〕

3 どんな　何が、何を　どうする。

ねこ

〔　　　｜　　　〕

4 どんな　何が、何を　どのように　どうする。

ねこ　むしゃ　むしゃ

〔　　　｜　　　〕

3では、1「何が　どうする。」の　形の　文を　考えた　あとで、2「何を」や　3「どんな」、4「どのように」を　考えよう。

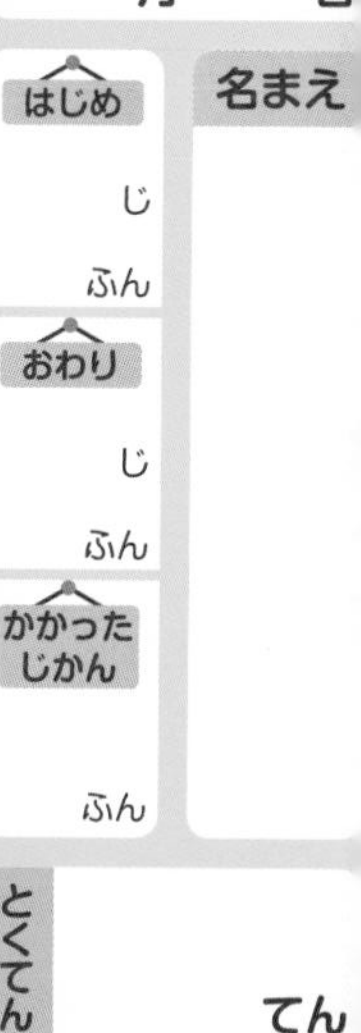

32 しあげドリル⑤

月　日　名まえ
はじめ　じ　ふん
おわり　じ　ふん
かかった じかん　ふん
とくてん　てん

1 □の 文章を 読んで、後の もんだいに 答えましょう。

> たかしが、虫かごを 前に 出した。
> わたしは、虫かごを のぞいた。
> すると、かぶと虫が 顔を 見せた。
> かぶと虫は、のそのそ 歩いた。

① 「だれが（は）」に あたる ことば 二つに、――を 引きましょう。（一つ 6てん）

② 「何が（は）」に あたる ことば 二つに、══を 引きましょう。（一つ 6てん）

③ 「どうする（どうした）」に あたる ことば 四つに、〰〰を 引きましょう。（一つ 5てん）

④ 読みとる力　「だれ」が、虫かごを 前に 出したのですか。（10てん）

（　　　　　　　　）

⑤ 読みとる力　「何」が、虫かごに 入って いましたか。（10てん）

（　　　　　　　　）

2 □の 文章を 読んで、後の もんだいに 答えましょう。

けさ、ベランダの 朝顔を 見たら、
きれいな 花が さいて いた。
花は、風で ゆらゆら
ゆれて いた。
小さな つぼみが 二つ
あった。つぼみも きれいだ。

1 「どんな」に あたる ことば 二つに、――を 引きましょう。（一つ 6てん）

2 「どのように」に あたる ことばに、＝＝を 引きましょう。（6てん）

3 「どんなだ」に あたる ことばに、〰〰を 引きましょう。（8てん）

読みとる力

4 花は、「どのように」 ゆれて いましたか。（10てん）

（　　　　　　） ゆれて いた。

まず、主語の「何が(は)」や「だれが(は)」を 見つけよう。それから、述語の「どうする(どうした)」や「どんなだ」を さがそう。

33 こそあどことば

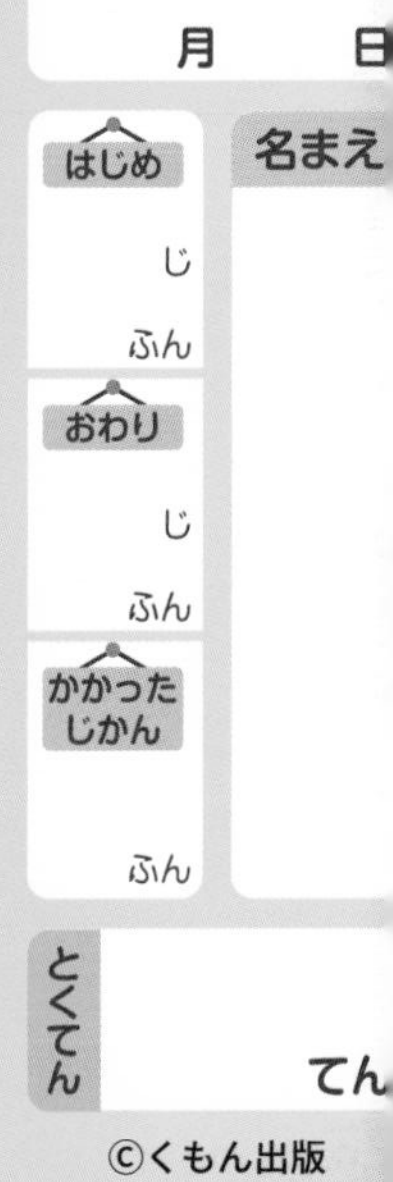

月　日　名まえ
はじめ　じ　ふん
おわり　じ　ふん
かかった じかん　ふん
とくてん　てん

1 絵(え)を　見て、（　）に　合(あ)う　ことばを、［　］から　えらんで　書(か)きましょう。（一つ　6てん）

❶（これ）は　かめです。

❷（　）は　かめです。

❸（　）は　かめです。

❹（　）が　かめですか。

［これ　あれ　それ　どれ］

「これ」「それ」「あれ」「どれ」を　こそあどことばと　いうよ。

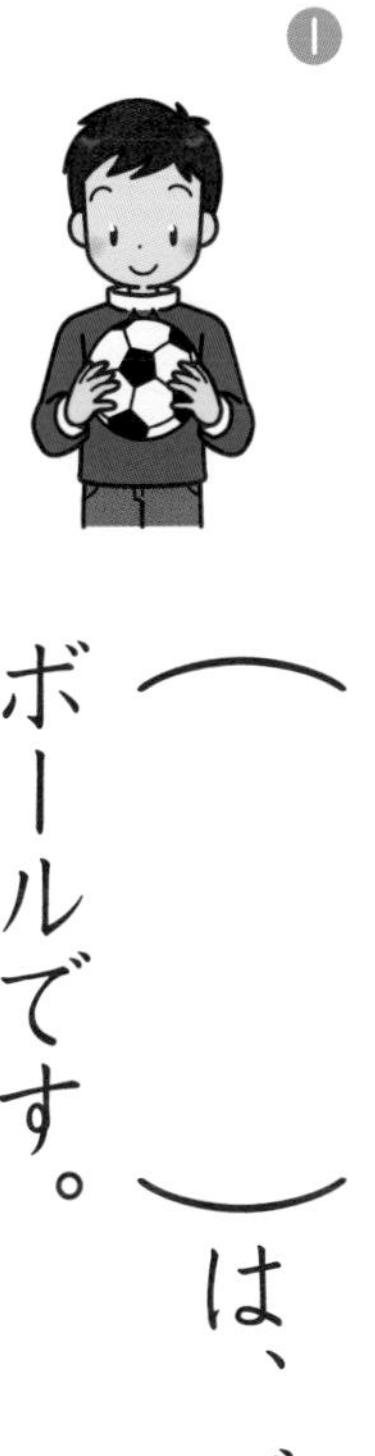

2 絵(え)を　見て、（　）に　合(あ)う　ことばを、［　］から　えらんで　書(か)きましょう。（一つ　6てん）

❶（　）は、ぼくの　ボールです。

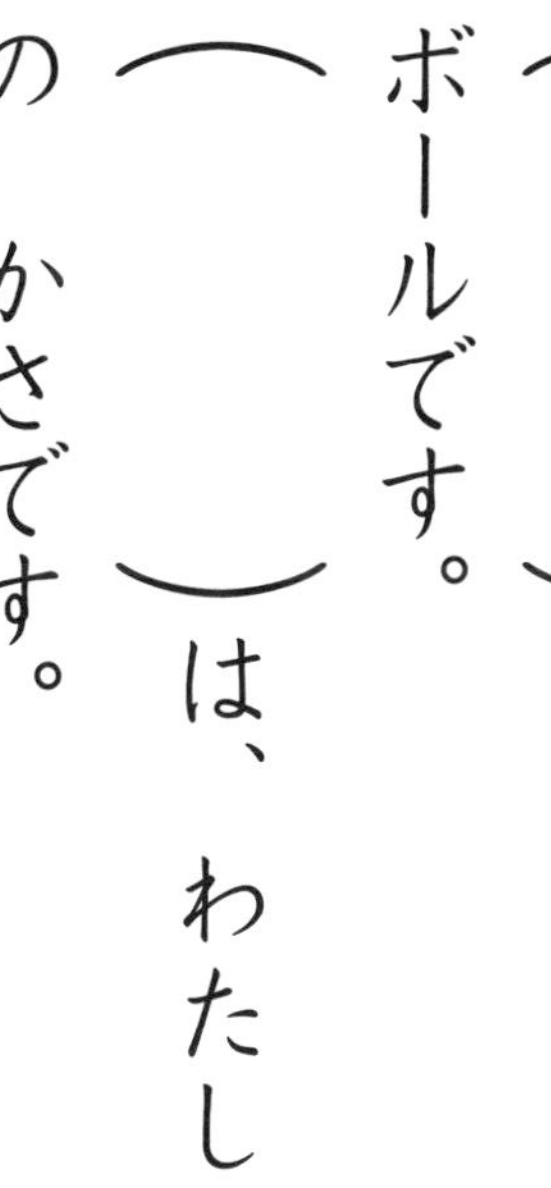

❷（　）は、わたしの　かさです。

［それ　あれ　これ］

3 （　）に　合う　ことばを、［　　］から　えらんで　書きましょう。（一つ　8てん）

① （　　　　）は、わたしの　犬です。

② （　　　　）ぼうしは、ぼくのです。

③ （　　　　）に　さくらの　木が　あった。

［それ・そこ・その・そんな］

読みとる力 4 ［　］の　ことばが　さして　いる　ことばに、——を　引きましょう。（一つ　10てん）

① 紙を　もらった。［それ］に　絵を　かいた。

② くつを　買った。［それ］に　名前を　書いた。

③ 水そうが　あった。［そこ］に　金魚を　入れた。

④ 赤い　こやが　ある。［そこ］に　子犬が　いる。

1 2 3 話し手に　近い　ときは「こ」、相手に　近い　ときは「そ」が　つく「こそあどことば」を　つかうよ。

34 文を つなぐ ことば①

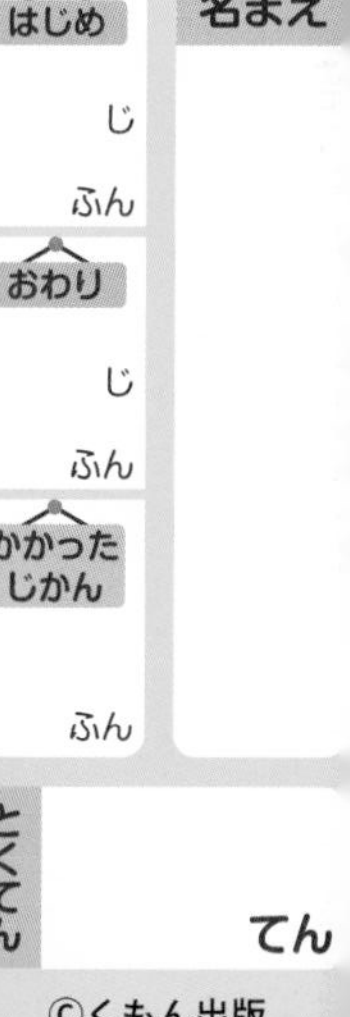

1 「だから」「でも」の うち、（ ）に 合（あ）う ことばを 書（か）きましょう。（一つ 10てん）

① 雨が ふって きた。（だから）、かさを さした。

② 雨が ふって きた。（　　）、かさを ささなかった。

③ 雨が ふって きた。（　　）、ふくは ぬれなかった。

2 「それで」「しかし」の うち、（ ）に 合（あ）う ことばを 書（か）きましょう。（一つ 10てん）

① たねを うえた。（　　）、めは 出て こなかった。

② きのうは、早く ねた。（　　）、早く 目が さめた。

3 絵に 合うように、つぎの ことばに つづけて、文を 作りましょう。（一つ 10てん）

1 天気が よく なった。

① 

〔だから、あたたかく なった。〕

② 

〔でも、　　　　　　〕

文を書く力

4 絵に 合うように、つぎの ことばに つづけて、文を 作りましょう。（一つ 15てん）

1 強い 風が ふいた。

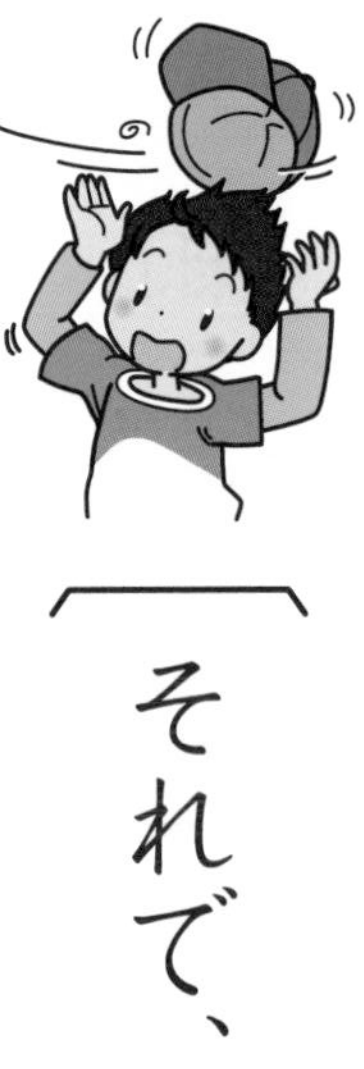

〔それで、　　　　　　〕

2 きのうは、ねつが 出た。

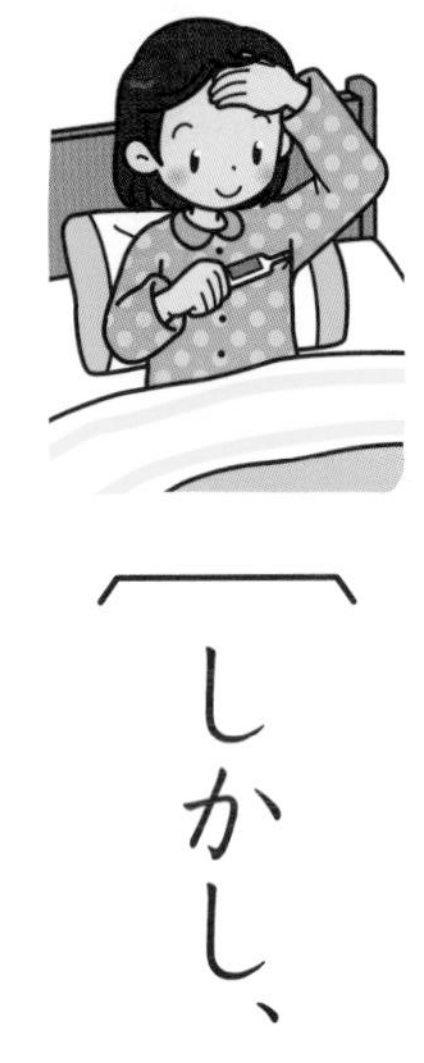

〔しかし、　　　　　　〕

「だから」「それで」は、前の 文の けっかを いう とき、「でも」「しかし」は、前の 文と はんたいの ことを いう ときに つかうよ。

35 文を つなぐ ことば②

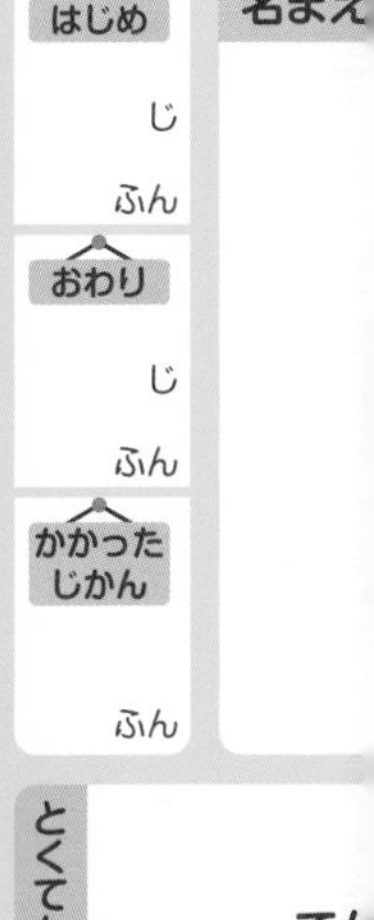

1 （ ）に 合う ことばを、［はじめに・つぎに・おわりに］から えらんで 書きましょう。（一つ 5てん）

❶（はじめに）、なべを 用意する。

❷（　　　）、なべに 牛にゅうを 入れる。

❸（　　　）、それを あたためる。

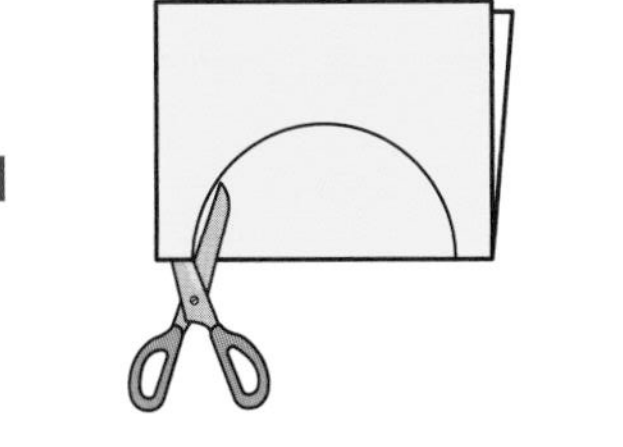

2 （ ）に 合う ことばを、［まず・さいごに・それから］から えらんで 書きましょう。（一つ 5てん）

❶（　　　）、紙を 二つに おります。

❷（　　　）、おった ほうを 下に して 半円を かきます。

❸（　　　）、半円に そって はさみで 切ると、円が できあがります。

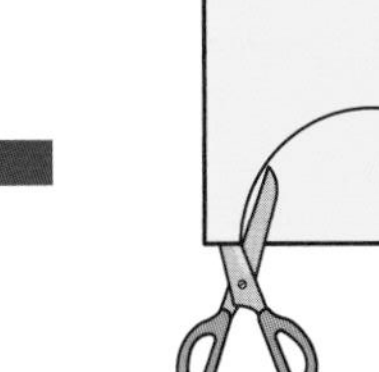

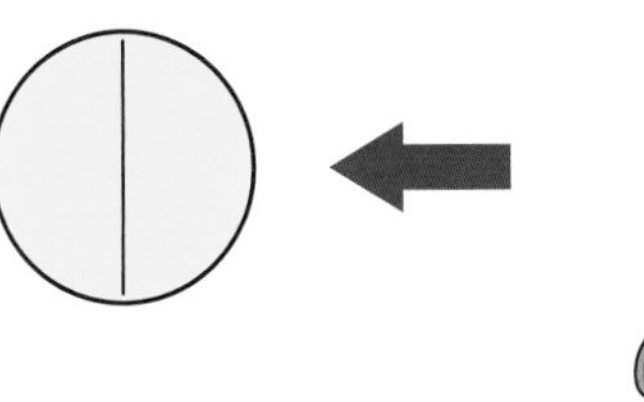

3 正しく 文章が つづくように、（　）に 番号を 書きましょう。

（ぜんぶ できて ❶・❷は 一つ 20てん、❸は 30てん）

❶
（ 1 ） まず、本を もって きます。
（　） おわりに、かんそうを 聞きます。
（　） つぎに、友だちに その 本の しょうかいを します。

❷
（　） つぎに、風船を ふくらませます。
（　） はじめに、風船を 用意します。
（　） さいごに、口の 部分を かたく むすびます。

❸
（　） それから、色を ぬった 顔に そって、はさみで 切りぬきます。
（　） はじめに、紙に すきな どうぶつの 顔を かきます。
（　） さいごに、わゴムを 左右に つけて、おめんの できあがりです。
（　） つぎに、クレヨンで 色を ぬります。

「はじめに」「つぎに」「おわりに」などの じゅんじょを あらわす ことばを つかって、いろいろな 文章を 書いて みよう。

36 しあげドリル⑥

月　日　名まえ

はじめ　じ　ふん　おわり　じ　ふん　かかった じかん　ふん　とくてん　てん

1 □の 文章を 読んで、後の もんだいに 答えましょう。

> きょう、店で 新しい ノートを 買った。それは、国語の 勉強に つかう。前の ノートは つかいおわった。□、つかった ノートは、本だなの 下の だんに しまった。そこには、ほかの 教科の 古い ノートも おいて ある。

読みとる力 ① それが さして いる ことばに、——を 引きましょう。（15てん）

読みとる力 ② そこが さして いる ことばに、＝＝を 引きましょう。（15てん）

③ □に 合う ことばを えらんで、○を つけましょう。（15てん）

ア（　）しかし
イ（　）それで
ウ（　）それでは

2 □の 文章を 読んで、後の もんだいに 答えましょう。

土曜日は 晴れて よい 天気だった。
①、午後に なって、雨が ふって きた。②、公園の 出口で 雨やどりして いた。
③、そこに おばさんが やって きて、赤い かさを かして くれた。

1 つぎの ことばは、①・②の どちらに 入りますか。( )に 番号を 書きましょう。（一つ 15てん）

ア( ) それで　イ( ) しかし

2 ③に 合う ことばを えらんで、○を つけましょう。（10てん）

ア( ) では　イ( ) すると

3 読みとる力 そこが さして いる ことばに、——を 引きましょう。（15てん）

1①の それは ものを、1②・2③の そこは 場所を さして いるよ。

37 いろいろな 言い方①

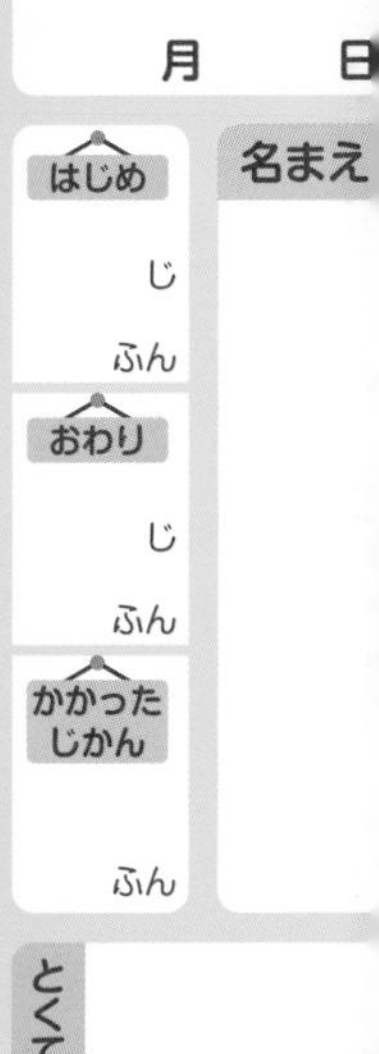

1 すぎた ことを あらわす 言い方の 文に、○を つけましょう。（一つ 6てん）

①
- （○）きのう、友だちに 会った。
- （　）きのう、友だちに 会う。

②
- （　）学校で 作文を 書こう。
- （　）学校で 作文を 書いた。

③
- （　）近くの 公園で あそぶ。
- （　）近くの 公園で あそんだ。

2 ——の ことばを、すぎた ことを あらわす 言い方に 書きかえましょう。（一つ 6てん）

① 妹と 公園を 歩く。（歩いた）

② 赤ちゃんが わらう。（　　　）

③ 弟が ろう下で ころぶ。（　　　）

④ 父は えきに むかう。（　　　）

⑤ ドアを 何回も たたく。（　　　）

3 ——の ことばを、今の ことを あらわす 言い方に 書きかえましょう。（一つ 6てん）

① 子ねこの 絵を かいた。（かく）

② 近くの 海で およいだ。（　）

③ 夜 九時に ねた。（　）

④ つめたい 水を のんだ。（　）

文を書く力

4 ——の ことばを、すぎた ことを あらわす 言い方に 書きかえましょう。（一つ 7てん）

姉と おつかいに ①行く。やおやさんで レタスと たまねぎを ②買う。帰り道、パンやさんの 前で 友だちに ③会う。あした、みんなで あそぶ やくそくを ④する。

①（　）　②（　）

③（　）　④（　）

すぎた ことを あらわす 言い方は、文の おわりの ことばを 「会った」「話した」のように、「た(だ)」に つながる 形に かえるよ。

38 いろいろな 言い方②

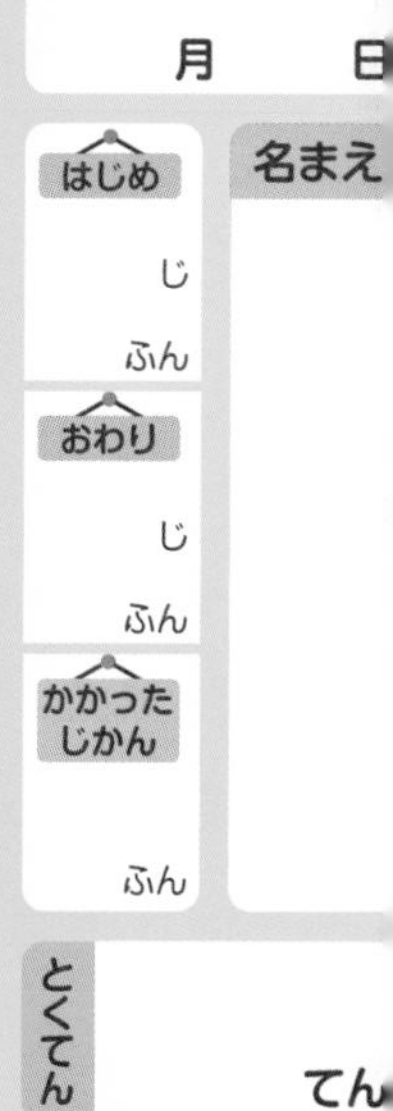

1 ——の ことばが ていねいな 言い方の 文に、○を つけましょう。（一つ 4てん）

① （ ○ ）三時に 家に 帰ります。
（ ）三時に 家に 帰る。

② （ ）あそこに 見えるのが 学校だ。
（ ）あそこに 見えるのが 学校です。

③ （ ）きょうは、プールへ 行かない。
（ ）きょうは、プールへ 行きません。

2 ——の ことばを、ていねいな 言い方に 書きかえましょう。（一つ 6てん）

① プールで およぐ。（ およぎます ）

② ざせきに すわる。（ ）

③ 家族で 出かける。（ ）

④ むこうは 工場だ。（ ）

⑤ 道が わからない。（ ）

3 ――の ことばを、ふつうの 言い方に 書きかえましょう。（一つ 6てん）

① 公園で あそびました。（あそんだ）

② 校庭を 走りました。（　）

③ 赤ちゃんが なきました。（　）

④ こいや めだかは 魚です。（　）

⑤ 車が うごきません。（　）

文を書く力

4 ――の ことばを、ていねいな 言い方に 書きかえましょう。（一つ 7てん）

> きのう、家族 みんなで 動物園に ①行った。
> 多くの 人で ②いっぱいだった。ぞうや
> ライオンなど たくさんの 動物を ③見た。
> わたしは、また 来たいなと ④思った。

①（　）

②（　）

③（　）

④（　）

文の おわりを 「〜ます」や 「〜です」に かえると、ていねいな 言い方に なるよ。

39 いろいろな　言い方③

月　日　名まえ

はじめ　じ　ふん　おわり　じ　ふん　かかった じかん　ふん

とくてん　てん

1 人から　聞いた　言い方の　文に、○を　つけましょう。（❶は　7てん、❷・❸は　一つ　8てん）

❶
（ ○ ）父は　会社へ　行ったそうだ。
（　 ）父は　会社へ　行った。

❷
（　 ）あすは　雨が　ふるそうだ。
（　 ）あすは　雨が　ふる。

❸
（　 ）先生は　おどろいた。
（　 ）先生は　おどろいたと　いう　ことだ。

2 ――の　ことばを、「そうだ」を　つかって、人から　聞いた　言い方に　書きかえましょう。（一つ　10てん）

❶ 夜中に　雨が　ふった。
（ふったそうだ）

❷ 弟は　すな場で　あそんだ。
（　　　　　　）

❸ この　本は、姉の　へやに　あった。
（　　　　　　）

人から　聞いた　言い方に　するには、ことばの　後に、「そうだ」や「と　いう　ことだ」を　つけるよ。

3 りゆうを　しめす　言い方の　文に、〇を　つけましょう。（❶は　7てん、❷・❸は　一つ　8てん）

❶
（〇）あせを　かいたのは、走ったからです。
（　）あせを　かいたのは、走った。

❷
（　）おくれたのは、ねぼうしたでしょう。
（　）おくれたのは、ねぼうしたからです。

❸
（　）めが　出たのは、たねを　まきました。
（　）めが　出たのは、たねを　まいたからだ。

4 ――の　ことばを、「からです」を　つかって、りゆうを　しめす　言い方に　書きかえましょう。（一つ　8てん）

❶ かさを　さしたのは、雨が　ふりはじめた。
（ふりはじめたからです）

❷ 外が　うるさいのは、こうじが　はじまった。
（　　　　）

❸ コートを　きたのは、風が　つめたかった。
（　　　　）

3 **4** 文の　おわりを、「～からだ」「～からです」に　すると、りゆうを　しめす　言い方に　なるよ。

しあげドリル⑦

名まえ　月　日

はじめ　じ　ふん　おわり　じ　ふん　かかったじかん　ふん

とくてん　てん

1 □の　文章を　読んで、後の　もんだいに　答えましょう。

> 夕方、犬の　散歩に　行きます。
> 公園の　前で、先生に　会った。
> 先生は、買いものに　行くと
> いう　ことでした。しばらく
> 先生と　歩いて、店の　前で
> わかれます。

❶「行きます」「わかれます」を、すぎた　ことを　あらわす　言い方に　書きかえましょう。（一つ　15てん）

① 行きます（　　　）

② わかれます（　　　）

文を書く力

❷「会った」を　ていねいな　言い方に　書きかえましょう。（10てん）

（　　　）

❸ 先生から　聞いた　言い方の　文に、——を　引きましょう。（15てん）

2 □の 文章を 読んで、後の もんだいに 答えましょう。

> 先週、校内の 音楽会が ①あった。
> わたしたちの クラスは、みんなで 合しょうしました。六年生の 人が、ひとりで ピアノを ②ひいた。とても ③じょうずだった。小さい ころから、ならって いたそうです。

文を書く力

1 ①〜③の ——の ことばを、ていねいな 言い方に 書きかえましょう。（一つ 10てん）

① あった （　　　　）

② ひいた （　　　　）

③ じょうずだった （　　　　）

2 人から 聞いた 言い方の 文に、——を 引きましょう。（15てん）

1③ 2② 人から 聞いた 言い方の 文には、文の おわりに 「そうだ」や 「と いう ことだ」が つくよ。

41 テスト①

月　日　名まえ

はじめ　じ　ふん　おわり　じ　ふん　かかったじかん　ふん　とくてん　てん

1 つぎの　文章を　読んで、もんだいに　答えましょう。

どこかで、小さな　こえが　しました。

「よいしょ、よいしょ。おもたいな。」…㋐

竹やぶの　そばの　ふきのとうです。

雪の　下に　あたまを　出して、雪を　どけようと、ふんばって　いる　ところです。

「よいしょ、よいしょ。外が　見たいな。」

① どんな　「こえ」が　しましたか。（10てん）

（　　　　　）こえ

② ㋐は、だれが　言った　ことばですか。（10てん）

（　　　　　）

③ 何が　「おもたい」のですか。合う　ものに、○を　つけましょう。（10てん）

ア（　）竹やぶ
イ（　）ふきのとう
ウ（　）雪

④ ふきのとうは、何を　しようと　して　いる　ところですか。（一つ　5てん）

〔 雪を　①（　　　　）と、②（　　　　）いる　ところ。 〕

「ごめんね。」…ⓘ

と、雪が　言いました。

「わたしも、早く　とけて　水に　なり、とおくへ　行って　あそびたいけど。」

と、上を　**見上げます。**

「竹やぶの　かげに　なって、お日さまが　あたらない。」

と　ざんねんそうです。

「すまない。」…ⓤ

と、竹やぶが　言いました。

「わたしたちも、ゆれて　ゆれて　おどりたい。ゆれて　おどれば、雪に　日が　あたる。」

と、上を　見上げます。


（令和２年度版　光村図書　こくご二上　たんぽぽ　14～23ページ　『ふきのとう』　くどう　なおこ）

5 ⓘ・ⓤは、だれが　言った　ことばですか。（二つ　10てん）

ⓘ…（　　　）

ⓤ…（　　　）

6 雪は、どう　したいのですか。（二つ　10てん）

［早く　とけて　①（　　　）に　なり、②（　　　）あそびたい。］

7 「見上げる」を　二つの　ことばに　分けて　書きましょう。（ぜんぶ　できて　10てん）

（　　　）＋（　　　）

8 竹やぶが　ゆれて　おどれば、どう　なるのですか。（10てん）

（　　　）

だれが　言った　ことばかを、かぎ（「　」）の　前後の　ことばに　気を　つけて　読みとろう。

42 テスト②

1 つぎの　文章を　読んで、もんだいに　答えましょう。

春になると、たんぽぽの　黄色い　きれいな花が　さきます。

二、三日　たつと、その　花は　しぼんで、だんだん　黒っぽい　色に　かわって　いきます。

そうして、たんぽぽの花の　じくは、ぐったりと　じめんに　たおれて　しまいます。

□、たんぽぽは、かれて　しまったのでは　ありません。（一部省略）

① 「春」の　ほかに、「きせつ」を　あらわす　漢字を　三つ　書きましょう。（二つ　8てん）

□・□・□

② たんぽぽは、どんな　花を　さかせますか。（10てん）

（　　　）

③ 花が　しぼむと、どんな　色に　かわりますか。（10てん）

（　　　）

④ □に　合う　ことばに、○を　つけましょう。（10てん）

ア（　）また

イ（　）それから

ウ（　）けれども

やがて、花は　すっかり　かれて、その　あとに、白い　わた毛が　できて　きます。

この　わた毛の　一つ一つは、ひろがると、ちょうど　＊らっかさんのようになります。たんぽぽは、この　わた毛に　ついて　いる　たねを、ふわふわと　とばすのです。

この　ころに　なると、それまで　たおれて　いた　花の　じくが、また　おき上がります。そうして、せのびを　するように、ぐんぐん　のびて　いきます。

＊らっかさん…パラシュートのこと。

（令和2年度版　光村図書　こくご二上　たんぽぽ　42〜47ページ　『たんぽぽの　ちえ』うえむら　としお）

5　花が　かれた　あとに、何が　できますか。（10てん）

（　　　　）

6　わた毛は　ひろがると、何のように　なりますか。（10てん）

（　　　　）

7　わた毛には、何が　ついて　いますか。（10てん）

（　　　　）

8　花の　じくの　ようすに　ついて、（　）に　合う　ことばを　書きましょう。（一つ　8てん）

たおれる。
→　①（　　　　）じめんに
また　おき上がる。
→　②（　　　　）のびる。

たんぽぽの　ようすが、どう　なって　いくのかに　気を　つけて　読もう。

43 テスト③

月　日　名まえ

はじめ　じ　ふん
おわり　じ　ふん
かかったじかん　ふん
とくてん　てん

1 つぎの　文章を　読んで、もんだいに　答えましょう。

いいですか、これが　ねこです。この　顔を　見たら、すぐに　にげなさい。つかまったら　さい後、あっという間に　食べられて　しまいますよ。

子ねづみたちわ、先生の　話お　いっしょおけんめえ　聞いて　います。

でも、あれえ。先生の　話を　ちっとも　聞かずに、おしゃべりして　いる　子ねずみが　三びき　いますよ。

❶ 先生が　言った　ことばに、かぎ（「　」）を　ひと組　書きましょう。（ひと組　8てん）

❷ つぎの　文には　かなづかいの　まちがいが　四字　あります。―を　引いて、右がわに　正しく　書きましょう。（一つ　8てん）

〈れい〉
子ねづ|ずみたちわ、
先生の　話お
いっしょおけんめえ
聞いて　います。

❸ どんな「子ねずみ」ですか。ようすを　あらわして　いる　部分に、――を　引きましょう。（10てん）

しばらくして、三びきが　気が　つくと　みんな　いなく　なって　いました

「あれれ、だれも　いないよ。」

「それじゃあ、ぼくたちは　ももを　とりに　行こうか。」

「うん、行こう　行こう。」

子ねずみたちが　歩きだした　その　ときだ。

ニャーゴ

三びきの　前に、ひげを　ぴんと　させた　大きな　ねこが、手を　ふり上げて　立って　いました。

（令和2年度版　東京書籍　新しい国語二上　126〜133ページ『ニャーゴ』みやにし　たつや）

4　つぎの　文に、点（、）と　丸（。）を　一つずつ　書きましょう。（一つ　10てん）

〔三びきが　気が　つくと　みんな　いなく　なって　いました〕

5　みんな　いなく　なって、三びきの　子ねずみは、どう　しようと　しましたか。（10てん）

〔　　　　〕

6　その　ときだを　ていねいな　言い方に　書きかえましょう。（10てん）

（　　　　）

7　どんな　ねこが　立って　いましたか。（10てん）

〔　　　　〕

お話の　中で、だれが　出て　きて、どんな　ことを　言ったり　したり　したのかを、しっかり　読みとろう。

2年生 こたえ

言葉と文のきまり

……して います。

● れい の 答えでは、同じような 内ようが 書けて いれば 正かいです。
● 〈 〉は、ほかの 答え方です。
● ひらがなや カタカナ、漢字の ことばを 書く もんだいでは、ぜんぶ 書けて、一つの 正かいです。

1 一年生の ふくしゅう① 1・2ページ

1 ①バス ②カメラ ③パンダ ④ジャム ⑤シール ⑥コップ

2 ①ゴリラ・くま ②みかん・りんご ③えんぴつ・ノート

※2は、じゅんじょが ちがっても 正かいです。

3 ①大きい ②弱い ③少ない ④入る ⑤下 ⑥上げる

4 ①食べる ②なげる ③およぐ

2 一年生の ふくしゅう② 3・4ページ

1 ①ちょうが ②ねこが ③わたしが ④ぼくは

2 ①とぶ ②ふった ③およぐ ④ほえた ⑤食べた

3 ①は・へ ②う・ぢ ③づ・を

4 ①小さな 大（犬）が 歩いて くる。
②石（右）手を 高く 上げる。
③林で かぶと虫を 貝（見）つける。

3 カタカナの ことば① 5・6ページ

1 ①カメラ ②コアラ ③タオル ④ハンカチ ⑤カステラ ⑥アイロン

2 ①ゴリラ ②ピアノ ③ズボン ④ベンチ ⑤ペンギン ⑥ランドセル

3 ①スイス ②ローマ ③エジプト ④ナイチンゲール

4 ①テレビ ②メロン ③カーテン ④ポケット ⑤ジュース ⑥キャラメル

4 カタカナの ことば② 7・8ページ

1 ①コロコロ ②ケロケロ ③ヒヒーン ④カーカー ⑤チュンチュン ⑥ニャーニャー

1③「ヒヒイン」、④「カアカア」、⑥「ニャアニャア」、2②「ザアザア」と 書いても 正かいですが、ここでは「ー」を つかって 書くように しましょう。

2 ①ドボン ②ザーザー ③コンコン ④ドンドン ⑤バシャバシャ

3

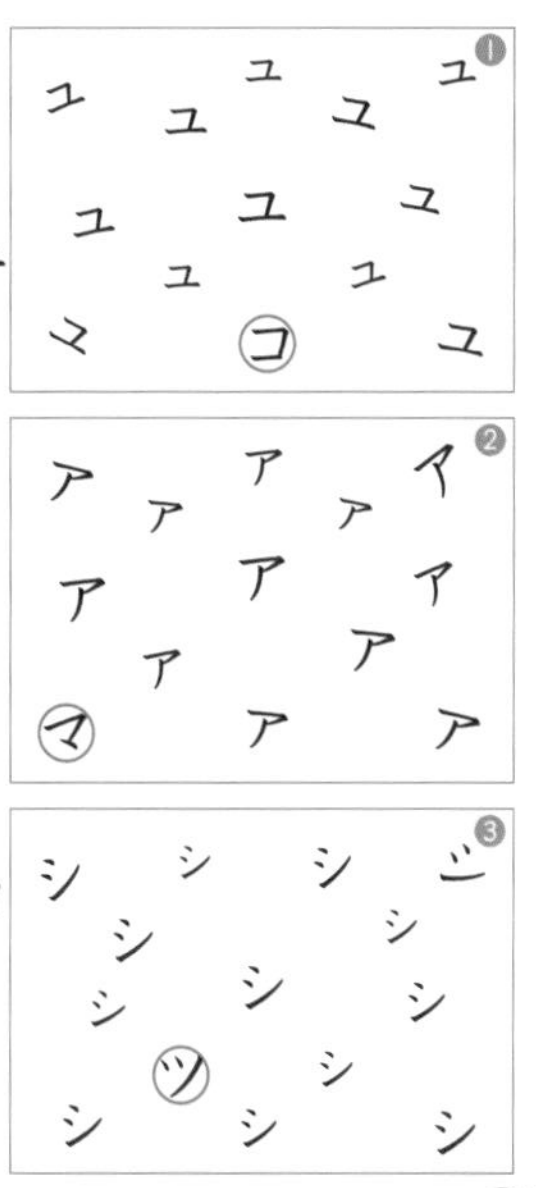

4 ①テ（チ）ューインガムと キャラナ（メ）ルを….
②…フ（ラ）イオンと パソ（ン）ダを….
③…ヌ（ス）カートと ヒ（セ）ーターを….

5 カタカナの ことば③ 9・10ページ

1 ①アメリカ・エジソン ②クレヨン・ミルク・レモン・トラック ③ミンミン・ワンワン・ピヨピヨ ④バタン・トントン・ガチャン

※1は、じゅんじょが ちがっても 正かいです。

2 ①コップ・ガチャン ②パン・バター
※2は、じゅんじょが ちがっても 正かいです。

3 ①どうぶつえんでライオンをみた。
②サラダにマヨネーズをかけてたべる。
③パトカーがサイレンをならしてはしる。

6 なかまの ことば① 11・12ページ

1 ①赤・青・黄・黒 ②西・南・北
③夏・秋・冬
※1は、じゅんじょが ちがっても 正かいです。

2 ①がっき ②やさい ③のりもの

3 ①メロン ②みかん ③おかし
④ケーキ ⑤車 ⑥バス
⑦トラック ⑧のりもの ⑨ヨット
⑩ボート
※①②、⑥⑦、⑨⑩は、じゅんじょが ちがっても 正かいです。

ポイント
3では、上に ある ものが 「広い いみの ことば」、下へ いく ほど 「せまい いみの ことば」に なって いるよ。

7 なかまの ことば② 13・14ページ

1 ①赤い ②黒い ③大きい

2 ①ぞうの体は、大きい。
②れい父のかばんは、おもい。
③れい姉のかみの毛は、長い。

3 ①食べる ②ける ③あらう

4 ①わたしは、ぼうしをかぶる。
②れいぼくは、ろう下でころぶ。
③れいぼくは、びんの中をのぞく。

ポイント
2・4のように、文を 書く もんだいでは、文の おわりの 丸(。)を わすれないで 書こう。

8 しあげドリル① 15・16ページ

1 ①
きのう、おかあさんと ばすに のって、でぱあとへ 行った。 おかあさんは、せえたあを 買った。ぼくは、ぺっとしょっぷで はむすたあを 見て いた。

②バス・デパート・セーター・ペットショップ・ハムスター
※2は、じゅんじょが ちがっても 正かいです。

ポイント
②「デパート」「セーター」「ハムスター」の のばす 音は、「ー」を つかって 書くよ。

2 ①
姉と ふたりで、スーパーマーケットに おつかいに 行った。 りんごと バナナ、なすと にんじん、肉と とうふを 買って 帰った。

②りんご・バナナ
③なす・にんじん
※②③は、それぞれ じゅんじょが ちがっても 正かいです。

9 はんたいの いみの ことば① 17・18ページ

1 ①大きい ②さむい
③多い ④弱い

2 ①太い ②明るい
③みじかい ④古い

3 ①下 ②後ろ
③左 ④外がわ

4 ①かつ ②買う

10 はんたいの　いみの　ことば② ページ19・20

1 ❶ ①きる　②はく
❷ ①ひくい　②やすい

2 ❶ ①さむい　②つめたい
❷ ①ひくい　②やすい

3 ❶ ぞうは、大きくておもい。
れい りすは、小さくてかるい。
❷ れい しかの足は、細くて長い。
れい かばの足は、太くてみじかい。

ポイント
❶では、「大きい」「小さい」と「おもい」「かるい」、❷では、「細い」「太い」と「長い」「みじかい」と　いう　はんたいの　いみの　ことばを　つかうよ。

11 組み合わせた　ことば① ページ21・22

1 ❶ 絵本　❷ まどガラス
❸ 近道　❹ とびばこ

2 ❶ 休み　❷ 赤とんぼ
❸ 青い〈青〉　❹ つむ
❺ 大きい

3 ❶ とび上がる　❷ うけとる
❸ もちはこぶ　❹ 見直す

ポイント
組み合わせる　とき、❷「うけ<u>る</u>」、❹「見<u>る</u>」の　「る」を　入れないように　書こう。

4 ❶ 切る　❷ はねる
❸ 食べおわる　❹ 走る
❺ もつ

ポイント
組み合わせる　元の　ことばは、❶「切る」、❷「とぶ」、❹「走る」のように、ウだんの　音で　おわる　ことばだよ。
❸では、組み合わせる　とき、「食べ<u>る</u>」の　「る」を　入れないよ。

12 組み合わせた　ことば② ページ23・24

1 ❶ はなばたけ　❷ ながぐつ
❸ かいがら　❹ のぼりざか
❺ かなあみ　❻ あまがさ
❼ わらいがお　❽ かざぐるま

ポイント
組み合わせる　ときに、❶「<u>は</u>たけ→<u>ば</u>たけ」、❷「<u>く</u>つ→<u>ぐ</u>つ」のように　音が　にごる　ことば、❺「か<u>ね</u>→か<u>な</u>」、❻「あ<u>め</u>→あ<u>ま</u>」、❽「か<u>ぜ</u>→か<u>ざ</u>」のように　音が　かわる　ことばが　あるよ。

2 ❶ れい 黒いねこ　❷ れい ぬる絵
❸ れい 夏のまつり
❹ れい 長いそで
❺ れい なく顔〈ないた顔〉
❻ れい 帰る道

3 ❶ れい すいとる・つみとる・まきとる・むしりとる　など。
❷ れい 歩き回る・にげ回る・うごき回る　など。

ポイント
❶の「とる」は、「<u>とり</u>上げる」「<u>とり</u>のぞく」、❷の「回る」は、「<u>回り</u>道」「<u>回り</u>はじめる」のように、ことばの　はじめに　つく　ものも　あるよ。

13 音や　ようすを　あらわす　ことば① ページ25・26

1 ❶ ゴーン　❷ バタン
❸ チュンチュン

2 ❶ ミンミン　❷ ガチャン
❸ ピヨピヨ　❹ ザーザー

3
❶ ╳ 雨が　はげしく…。
❷ ╳ ものを　かるく…。
❸ ╳ からすの　鳴き声。
❹ ╳ ねこの　鳴き声。

4 ① たいこをドンドンたたく。 ② れい 犬がワンワンほえる。 ③ れい ガラスがガチャンとわれる。

14 音や ようすを あらわす ことば② ページ27・28

1 ① きらきら ② くるくる ③ ぽたぽた

2 ① ふわふわ ② そよそよ ③ ころころ ④ ぺろぺろ

3 ①―わらう ようす。 ②―元気に せい長する ようす。 ③―すべりやすい ようす。 ④―とんで いる ようす。（①と②、③と④を線でむすぶ）

4 ① 星がきらきら光る。 ② れい 風船がふわふわとぶ。 ③ れい 母がにっこりわらう。

15 しあげドリル② ページ29・30

1 ①・③

朝早く おきる。パジャマを ぬぐ。ふくを きて、朝ごはんを 食べる。あつい スープが、とても おいしい。

② はく ④ 食べおわる

2 ①・②

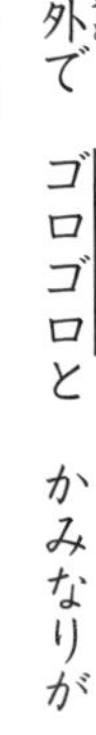

外で ゴロゴロと かみなりが 鳴った。その 音で、子犬は クンクン 鳴きだし、その 場を ぐるぐる 回って、ぶるぶる ふるえて いた。

ポイント
①「ゴロゴロと」のように 線を 引いても 正かいだよ。

③ ウ

ポイント
ゴロゴロと 鳴った かみなりの 音で、ぶるぶる ふるえて いた ようすから 考えよう。

16 なかまの 漢字 ページ31・32

1 ① 米・麦 ② 晴・雪 ③ 朝・昼・夜 ④ 体・頭・毛・顔 ⑤ 色・黒・黄 ⑥ 電車・公園 ⑦ 鳥・魚・馬・牛

2 ① 北・東・西・南 ② 春・夏・秋・冬 ③ 星・池・海・谷 ④ 父・母・弟・妹 ⑤ 国語・図工・算数・音楽

※**2**は、じゅんじょが ちがっても 正かいです。

17 漢字の 組み立て ページ33・34

1 ① 作・活・妹・場 ② 思・雲・答 ③ 道・近・通

※**1**は、じゅんじょが ちがっても 正かいです。

2 ① 池 ② 野 ③ 雪

3 ① 体・作 ② 紙・絵 ③ 近・道・通・週・遠 ④ 村・森・楽・校・林 ⑤ 曜・昼・春・明・星・晴

18 形の にた 漢字 ページ35・36

1 ① 自 ② 少 ③ 方 ④ 谷

2 ① 毛・手 ② 肉・内 ③ 毎・母 ④ 親・新

3 ① 太・犬・大 ② 聞・間・門

4 ① 先週、親|新しい くつを…。 ② 牛|午後、姉と…。 ③ 公園の 地|池で 黒い…。

19 同じ読み方の漢字① ページ37・38

1 ❶ 近 ❷ 少 ❸ 歌 ❹ 線

2 ❶ 会／海 ❷ 帰／記 ❸ 花／家 ❹ 遠／園

3 ❶ 元／原／間 ❷ 兄／教／強

4 ❶ えき前の 校|交番で…。
❷ 国語の 寺|時間に…。
❸ 小さい 子どもに 新|親切に する。

20 同じ読み方の漢字② ページ39・40

1 ❶ 点 ❷ 冬 ❸ 自 ❹ 午

2 ❶ 森／心 ❷ 合／会 ❸ 家／矢 ❹ 明／空

3 ❶ 工／光／高 ❷ 東／当／答

4 ❶ 学校からの…兄に 合|会う。
❷ 弟が 公遠|園の…。
❸ 年が 空|明けて、…。

21 しあげドリル③ ページ41・42

1 ❶ ① 春 ② 北
❷

わたしの 弟(おとうと)は、春(はる)から ようち園(えん)に
入った。入園式(にゅうえんしき)の 日、
町の 北(きた)に ある 公園(こうえん)で、
みんなで しゃしんを とった。

22 かなづかい ページ43・44

1 ❶ こおり ❷ うなずく
❸ はなぢ ❹ こおろぎ
❺ かんづめ ❻ おおだいこ

2 ❶ う・へ
❷ を・づ
❸ は・ず

3 ❶ おとうと・〇・おおごえ
❷ 〇・すこしずつ・ちかづいて

4 ❶ こおえ|うんの そうじお|をした。
❷ かんずめ|づを ひとつづ|ずつ はこぶ。
❸ ひこうきわ|は、とおくえ|へ…。
❹ あかづ|ずきんと おう|おかみの…。
❺ いもお|うとの…ちじ|ぢむ。

❸ れい 父・母・兄・姉・妹
※❸は、じゅんじょが ちがっても 正かいです。

2 ❶

遠|園足(えんそく)では、言気|元気(げんき)に 校科|歌(こうか)を うたった。べん
とうは、草元|原(そうげん)に シートを しいて 食(た)べた。

3 ❶

年(とし)が 空(あ)|明けて、毎(はは)|母に 親(あたら)|新しい 手糸|毛糸(けいと)の
セーターを 貝(か)|買って もらった。
わたしは それを きて、
おばあちゃんに 合(あ)|会いに 行(い)った。

23 丸(。)、点(、)、かぎ(「」)の つかい方① ページ45・46

1
❶ きのう、友だちの…あそんだ。
❷ めだかが、すいすい…いる。
❸ すずめが、チュンチュン…いる。
❹ 家に つくと、雨が…なった。
❺ さむかったので、セーターを きた。

2
❶ 大きな 犬が、ワンワン…。
❷ ぼくは、大きな…。
❸ きょう、おかあさんと…。
❹ 七月に 入ると、あつく…。
❺ えんそうが おわったので、手を…。

3
❶ きのう、午後から…。
❷ 大きな 魚が、水そうの…。
❸ かぜを ひいたので、くすりを…。
❹ 公園に 行くと、まさとくんが…。
❺ …なって きた。すると、雨が…。
❻ …よんで みた。でも、さとしくんは…。

24 丸(。)、点(、)、かぎ(「」)の つかい方② ページ47・48

1
❶ 「いただきます。」
❷ 「行って きます。」
❸ 「何 してるの。」
❹ 「ひよこが 生まれたよ。」
❺ 「車に ちゅういしなさい。」

2
❶ 「さようなら。」
「また、あした。」
❷ 「わあ、きれい。」
「花びんに かざりましょうか。」
❸ 「公園に 行きたい。」
「ぶらんこに のろうか。」

25 丸(。)、点(、)、かぎ(「」)の つかい方③ ページ49・50

1
❶ {(◯) ( )} ❷ {( ) (◯)}

2
❶ ぼくね、ころんだの。
❷ 車をうごかし、てまえで止める。
❸ ぼく、はブラシを買うよ。

3
❶ ①わたしは、いしゃになりたい。
②わたし、はいしゃになりたい。
❷ ①ここで、はきものをぬぐ。
②ここでは、きものをぬぐ。
❸ ①ハンドルを回して、もとにもどす。
②ハンドルを回し、てもとにもどす。

26 しあげドリル④ ページ51・52

1 ❶・❷

おとお(う)さんが、とうく(お)の ほうで、

「くわがたが いるぞ。」

と いった。ぼくわ(は)、こえの した ほうえ(へ)、
はしって いった。くわがたを みて、

「やったあ。」

と、ぼくは おうごえお(を) だした。

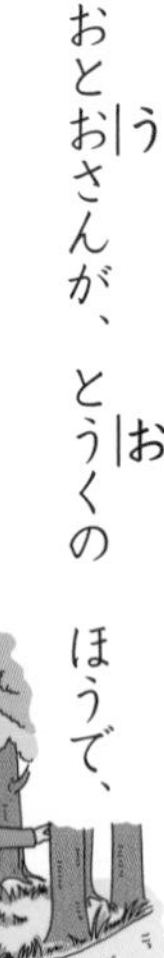

2 ❶・❷

りょうりが、すこしづ(ず)つ できて いく。

おかあさんが、

「テーブルに はこんで。」

と いった。おねい(え)さんは、

「ゆのみじゃわんも もって いくの。」

と、てつだいを はぢ(じ)めた。

27 文の組み立て① ページ53・54

1 ① 犬が ② はとが ③ こまが ④ せみは ⑤ こいは

2 ① ちょうが ② 魚が ③ 風が ④ 鳥は ⑤ くじらは

3 ① ぼくが ② 赤ちゃんが ③ わたしは ④ 妹は ⑤ 友だちが

4 ① ぼくが ② おばさんが ③ 兄は ④ おとうさんは ⑤ みんなが

28 文の組み立て② ページ55・56

1 ① なげる ② ふる ③ 食べた ④ 読んだ

2 ① のむ ② およぐ ③ 話す ④ やいた ⑤ 走った

3 ① うるさい ② まぶしい ③ きれいだ ④ しずかだ

4 ① こん虫だ ② やさしいだ ③ 小学生です ④ 先生だ ⑤ たんぽぽだ

29 文の組み立て③ ページ57・58

1 ① ちょうが・とぶ ② 花が・きれいだ ③ 兄は・中学生です

2 ① 主語…魚が　述語…およぐ ② 主語…花が　述語…きれいだ ③ 主語…虫は　述語…てんとう虫だ

3 ① ア ② ウ ③ イ ④ ウ ⑤ イ ⑥ ア ⑦ イ ⑧ ア ⑨ ウ ⑩ ア

30 文の組み立て④ ページ59・60

1 ① 赤い ② あまい ③ 黄色い ④ 明るい ⑤ すずしい

2 ① 小さな ② 高い ③ 新しい ④ 強い ⑤ つめたい

3 ① ザーザー ② ニャーニャー ③ がたがた ④ ぺろぺろ ⑤ ゆっくり

4 ① きらきら ② すいすい ③ ごくごく ④ ずっしり ⑤ くるくる

31 文の組み立て⑤ ページ61・62

1 ① 赤い花がさく。
② れい 大きな犬がほえる。
③ れい 女の子が、きれいな貝がらをひろう。

2 ① 子犬がワンワン鳴く。
② れい はっぱがゆらゆらゆれる。
③ れい 男の子が、おじいさんとゆっくり歩く。

3 ① れい ねこが歩く。
② れい ねこがえさを食べる。
③ れい 白いねこが、えさを食べる。
④ れい 黒いねこが、えさをむしゃむしゃ食べる。

32 しあげドリル⑤ 63・64ページ

1 ❶・❷・❸

たかしが、虫かごを 前に 出した。
わたしは、虫かごを のぞいた。
すると、かぶと虫が 顔を 見せた。
かぶと虫は、のその そ 歩いた。

❹ たかし ❺ かぶと虫

2 ❶・❷・❸

けさ、ベランダの 朝顔を 見たら、
きれいな 花が さいて いた。
花は、風で ゆらゆら
ゆれて いた。
小さな つぼみが 二つ
あった。つぼみも きれいだ。

❹ ゆらゆら

33 こそあどことば 65・66ページ

1 ❶ これ ❷ それ ❸ あれ ❹ どれ
2 ❶ これ ❷ それ
3 ❶ それ ❷ その ❸ そこ
4 ❶ 紙 ❷ くつ ❸ 水そう ❹ 赤い こや

34 文を つなぐ ことば① 67・68ページ

1 ❶ だから ❷ でも ❸ でも
2 ❶ しかし ❷ それで
3 ❶ ① あたたかくなった。
② れいさむかった。
4 ❶ れいぼうしがとんだ。
❷ れいきょうは、ねつが下がった。

35 文を つなぐ ことば② 69・70ページ

1 ❶ はじめに ❷ つぎに ❸ おわりに
2 ❶ まず ❷ それから ❸ さいごに
3 ❶ (2)(3)(1) ❷ (3)(1)(2) ❸ (2)(4)(1)(3)

36 しあげドリル⑥ 71・72ページ

1 ❶・❷

きょう、店で 新しい ノートを
買った。それは、国語の 勉強に
つかう。前の ノートは つかいおわった。
[ ]、つかった ノートは、本だなの 下の
だんに しまった。そこには、ほかの 教科の
古い ノートも おいて ある。

2 ❶ ア…② イ…①
❷ イ
❸ イ

❸ イ

土曜日は 晴れて よい 天気だった。
[①]、午後に なって、雨が
ふって きた。[②]、公園の
出口で 雨やどりして いた。
[③]、そこに おばさんが
やって きて、赤い かさを
かして くれた。

37 いろいろな　言い方① ページ73・74

1 ①（◎）（　）　②（　）（◎）　③（　）（◎）

2 ①歩いた　②わらった
③ころんだ　④むかった
⑤たたいた

3 ①かく
②およぐ
③ねる
④のむ

4 ①行った　②買った
③会った　④した

38 いろいろな　言い方② ページ75・76

1 ①（◎）（　）　②（　）（◎）　③（　）（◎）

2 ①およぎます
②すわります
③出かけます
④工場です
⑤わかりません

3 ①あそんだ
②走った
③ないた
④魚だ
⑤うごかない

4 ①行きました
②いっぱいでした
③見ました
④思いました

39 いろいろな　言い方③ ページ77・78

1 ①（◎）（　）　②（◎）（　）　③（　）（◎）

2 ①ふったそうだ
②あそんだそうだ
③あったそうだ

ポイント
文の　おわりに　「そうだ」を　つけると、人から　聞いた　言い方に　なるよ。

3 ①（◎）（　）　②（　）（◎）　③（　）（◎）

4 ①ふりはじめたからです
②はじまったからです
③つめたかったからです

ポイント
文の　おわりに　「からです」を　つけると、りゆうを　しめす　言い方に　なるよ。

40 しあげドリル⑦ ページ79・80

1 ①①行きました　②わかれました
②会いました
③

夕方、犬の　散歩に　行きます。公園の　前で、先生に　会った。先生は、買いものに　行くと　いう　ことでした。しばらく　先生と　歩いて、店の　前で　わかれます。

2 ①①ありました　②ひきました
③じょうずでした
②

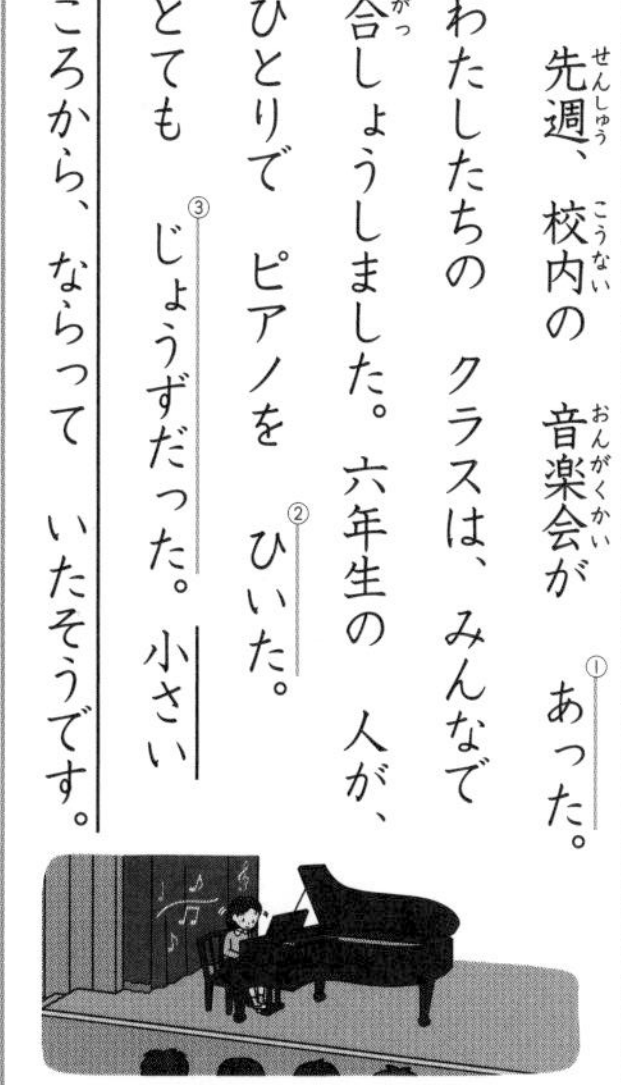

先週、校内の　音楽会が　①あった。わたしたちの　クラスは、みんなで　合しょうしました。六年生の　人が、ひとりで　ピアノを　②ひいた。とても　③じょうずだった。小さい　ころから、ならって　いたそうです。

41 テスト① ページ81・82

1
❶ 小さな
❷ ふきのとう
❸ ウ
❹ ① どけよう
② ふんばって
❺ ㋑ 雪
㋒ 竹やぶ
❻ ① 水
② とおくへ行って
❼ 見る＋上げる
❽ 雪に日があたる。

42 テスト② ページ83・84

1
❶ 夏・秋・冬
※じゅんじょが　ちがっても　正かいです。
❷ 黄色いきれいな花
❸ 黒っぽい色
❹ ウ
❺ （白い）わた毛
❻ らっかさん（のように）
❼ たね
❽ ① ぐったりと
② （せのびをするように、）ぐんぐん

43 テスト③ ページ85・86

1
❶ 「いいですか、これが　ねこです。…あっという間に　食べられて　しまいますよ。」
❷ 子ね〈れい〉づ（ず）みたちわ（は）
先生の　話お（を）
いっしょおう（う）けんめえ（い）
聞いて　います。
❸ 先生の　話を　ちっとも　聞かずに、おしゃべりして　いる

ポイント
「子ねずみ」を　くわしく　して　いる　前の　部分を　しっかり　読もう。

❹ 三びきが　気が　つくと、みんな　いなく　なって　いました。
❺ れい　ももをとりに行こうとした。

ポイント
「ももを　とりに　行く」ことが　書けて　いれば　正かいだよ。

❻ そのときです
❼ ひげをぴんとさせた大きなねこ